元脱脱等撰

# 宋史

第二四册

卷二三八至卷二四一（表）

中華書局

# 宋史卷二百三十八

## 表第二十九

## 宗室世系二十四

| | | | | | | | |
|---|---|---|---|---|---|---|---|
| | | | | | | | |
| | | | | | | | |
| 信國公 | 克顓諡 | 靖惠 | | | | | |
| | 建國公 | 叔儺 | | | | | |
| | 贈左太 | 中大夫 | 奭之 | | | | |
| | | 訓武郎 | 公瑗 | 修職郎 | 公琦 | | |
| | | | | | 彥充 | 彥允 | |
| | | | | | | 堯夫 | 舜夫 |

| | | | | | | | | | | | | | | |
|---|---|---|---|---|---|---|---|---|---|---|---|---|---|---|
| | 從政郎 | 公璐 | | | | | | | | | | | | |
| | | 彥純 | | 彥綸 | | | | | | | | | | |
| 時夫 | | 仁夫 | 信夫 | 選夫 | | | | | | | | | | 進夫 |
| | | | | 時偎 | | | | | 時僢 | 時侍 | | | 時倍 | 時儆 |
| | | | | 若浹 | | 若渙 | | 若湑 | | 若澎 | | | 若洴 | 若澮 |
| | | | | 嗣樟 | 嗣枋 | 嗣棟 | 嗣樑 | 嗣樺 | | 嗣鍝 | 嗣鉞 | 嗣錁 | | |

| | | | | | | | | | | | | | | |
|---|---|---|---|---|---|---|---|---|---|---|---|---|---|---|
| | | | | | | | | | | | | | | |
| | | | | | | | | | | | | | | |
| | | | | | | | | | | | | | | |
| | | | | | | | | | | | | | | |
| | | | | | | | | | | | | | | |
| | | | | | | | | | | | | | | |
| | | | | 彥紏 | | | | | | | | | | 彥紳 |
| | | | 逘夫 | 迋夫 | 邇夫 | 迹夫 | 逑夫 | | 逌夫 | 逷夫 | 邀夫 | | | 遭夫 |
| | 時俆 | 時榛 | | | | | 時例 | 時傭 | | | 時瀦 | | | |
| 若流 | | | | | | | 若澰 | | | | 若憐 | 若堤 | 若檫 | |
| | | | | | | | | | | | | | | |
| | | | | | | | | | | | | | | |
| | | | | | | | | | | | | | | |

| | | | | | | | | | | | | | | |
|---|---|---|---|---|---|---|---|---|---|---|---|---|---|---|
| | | | | | | 通仕郎 | 公琬 | | | | | | 公琰 | 公璪 |
| | 彥綜 | | | | 彥紋 | | 彥章 | 彥亨 | | | | 彥永 | | 彥寵 |
| 瞻夫 | 藝夫 | | 蘭夫 | | | | 侃夫 | 薃夫 | | | | 恭夫 | | 豪夫 |
| | 時侏 | 時儛 | 時倭 | 時旅 | | | | 時總 | 時紬 | 時繝 | 時紵 | | | 時龜 |
| | | 若槐 | | | | | | | | | | | | 若櫺 |

| | | | | | | | | | | | | | | | |
|---|---|---|---|---|---|---|---|---|---|---|---|---|---|---|---|
| | | | | | | | | | | | | | | | |
| | | | | | | | | | | | | | | | |
| | | | | | | | | | | | | | | | |
| 三班奉職爽之 | 左班殿直亨之 | 右班殿直燓之 | 卞之 | 忠訓郎 | | | | | | | | | | | |
| | | | | 承節郎 | | | | | | | | | | | |
| | | 彥組 | 彥綬 | | | | | | | | | | | | |
| 艮夫 | | | 禂夫 | | 祬夫 | | | | | | | | | | |
| 時回 | 時琱 | | 時柚 | 時橿 | | | | | | | | | | | |
| | 若錙 | 若錄 | | 若瀵 | | | | | | | | | | | |
| | | | | | | | | | | | | | | | |
| | | | | | | | | | | | | | | | |
| | | | | | | | | | | | | | | | |

| | | | | | | | | | | | | | | |
|---|---|---|---|---|---|---|---|---|---|---|---|---|---|---|
| 奕之 | | | | | | | | | | | | | | |
| 公璁 | | | 公瓊 | | | | | | | | 保義郎公琄 | | | |
| 彥像 | | 彥偳 | 彥倞 | 彥佀 | 彥徐 | | | 彥侎 | | | | 彥儗 | | 彥傑 |
| 詻夫 | | | | | 晛夫 | 曅夫 | 㕣夫 | 暒夫 | 曚夫 | 昳夫 | | 旨夫 | 嘿夫 | |
| 時釗 | 時鏑 | | | | | 時媚 | | 時潔 | | | | | 時睩 | |

| | | | | | | | | | | | | |
|---|---|---|---|---|---|---|---|---|---|---|---|---|
| | | | | | | | | | | | | |
| | | | | | | | | | | | | |
| | | | | | | | | | | | | |
| | | | | | | | | | | | | |
| | | 武經郎立之 | | | | | | | | | | |
| 公瑾 | 公璀 | 公瑱 | 承節郎公瑄 | | 公瑞 | 公珍 | 公瑗 | | | | | |
| | | | 彥諉 | 彥廥 | | | 彥忠 | 彥浹 | | | | |
| | | | 橎夫 | | | | | 洒夫 | | | | |
| | | | | | | | | 時諸 | | | 時諮 | |
| | | | | | | | | 若閔 | 若闇 | 若闔 | 若亘 | 若奭 |
| | | | | | | | | | | | | |
| | | | | | | | | | | | | |

| | | | | | | | | | | | | | | |
|---|---|---|---|---|---|---|---|---|---|---|---|---|---|---|
| | | | | 信夫 | | 衡夫 | | | | 俊夫 | 修夫 | | 便夫 | |
| 時謀 | | | | 時宲 | 時安 | 時運 | 時建 | 時遵 | 時邁 | 時習 | 時璜 | 時鐸 | 時修 | 時俊 |
| 若春 | 若蒙 | 若望 | 若泰 | 若厲 | 若愚 | | 若禹 | | | | | | | |

| | | | | | | | | |
|---|---|---|---|---|---|---|---|---|
| | | | | | | | | 時傑 |
| | | | | | | | | 時億 |
| | | | | | | | | 時仔 |
| | | | 房國公叔匀 | 朝奉郎性之 | | | | |
| | | | | 成忠郎快之 | | | | |
| | | | | 保義郎快之 | | | | |
| | | | | 保義郎輞之 | | | | |
| | | | 安康侯叔軒 | 左班殿直釁之 | | | | |
| | | | | 敦武郎擧之 | 公昇 | | | |

| | | | | | | | | | | | |
|---|---|---|---|---|---|---|---|---|---|---|---|
| | | | | | | | | | | | |
| | | | | | | | | | | | |
| | | | | | | | | | | | |
| | | | | | | | | | | | |
| | | | | | | | | 從義郎叔倅 | 右朝散大夫叔偦 | | |
| | | | | | | | | 忠翊郎綽之 | 奉議郎翬之 | | |
| 公昪 | | | | 公旦 | 公景 | 公旻 | 公晏 | 承信郎公繹 | 文林郎公睍 | | |
| 彥默 | 彥熊 | 彥烈 | 彥炁 | | | | | | 彥敔 | | |
| | | | | | | | | | 儁夫 | 堅夫 | 眀夫 |

| | | | | | | | | | | | | |
|---|---|---|---|---|---|---|---|---|---|---|---|---|
| | | | | | | | 訓武郎公貢 | | | | | 修武郎公賀 |
| | 彥[illegible] | 彥歐 | 彥攽 | 彥駇 | 彥敆 | | 彥畋 | 彥斆 | 彥敉 | 彥徽 | | 彥效 |
| [illegible]夫 | | 偶夫 | | 儆夫 | 枅夫 | 檝夫 | | | | 佻夫 | 瑜夫 | |
| | | 時椂 | | | | | | | | | | |

| | | | | | | | | | | | | | | |
|---|---|---|---|---|---|---|---|---|---|---|---|---|---|---|
| | 承節郎 | 公贊 | | | | | | | | 迪功郎 | 公賚 | | 公質 | 公蕡 |
| 彥敉 | | 彥僘 | | | 彥[illegible] | 彥效 | 彥敾 | 彥攺 | 彥數 | | 彥敷 | 彥牧 | 彥敢 | |
| 榛夫 | | 穮夫 | 秞夫 | 穡夫 | | | | 穗夫 | | | 墾夫 | 秫夫 | | |
| | | | 時檄 | | | | | | | | | | | |

高密侯克敻

右監門率府率叔澥 | 右監門率府率叔料 | 東頭供奉官叔揉 | 敦武郎叔緂

忠翊郎聿之 | 仰之 | 韋之 | 成忠郎隶之

| | | | | | | | | | | | | |
|---|---|---|---|---|---|---|---|---|---|---|---|---|
| | | | | | | | | | | | | 敦武郎叔犕 |
| 成忠郎芾之 | | | | | | | | | | | | 承節郎識之 |
| 公澤 | | | | 公渙 | | | | | | | | 公抖 |
| 彥禧 | 彥祜 | 彥裕 | 彥鑒 | 彥博 | 彥端 | 彥竑 | 彥嶟 | 彥瑀 | 彥棣 | | 彥珶 | |
| | | | | 堋夫 | | | | | 淬夫 | 洴夫 | 選夫 | |

| | | | | | | | | | | | | | |
|---|---|---|---|---|---|---|---|---|---|---|---|---|---|
| 贈朝請郎公珩 | | | | | | | | | | | | | |
| 彥代 | | | | | | | | | | 彥傚 | | | |
| 咊夫 | | | | | | | | | | 譜夫 | | | |
| 時洵 | 時潄 | | | 時蘘 | 時澮 | | 時遜 | | 時递 | 時這 | 時䢢 | 時逿 | 時泓 |
| | 若鍰 | 若鎵 | 若錄 | 若璉 | 若栖 | 若橥 | 若柠 | 若枹 | | | | | |

| | | | | | | | | | | | | | | |
|---|---|---|---|---|---|---|---|---|---|---|---|---|---|---|
| 彥侗 | | | | | | | | | | | 彥侍 | 彥傳 | | |
| 璀夫 | | | 珠夫 | | 瑛夫 | 璩夫 | | | 琥夫 | | | 瀍夫 | 瀰夫 | 消夫 |
| 時迆 | 時迪 | 時逭 | 時逃 | 時鑣 | | 時遷 | 時橘 | 時寧 | 時槼 | 時杼 | | 時欀 | 時彖 | |
| | | | | 若邉 | | | | | | | | | | |

彥侯　彥備　彥詡

擢夫　鉞夫　鍼夫　瓚夫　綜夫　綸夫　沁夫　泝夫　埂夫

時薈　時苑　時遷　時追　時逃　時遙　時鑽

若茉　若藩

承節郎
誨之

公旦
公奭
保義郎

彥諜
彥儐
彥仡
彥傜

沚夫
漩夫
沛夫
㴬夫
樌夫
栶夫
梅夫
核夫
柳夫

時邁
時烝
時焦
時緒

| | | | | | | | | | | | | | | |
|---|---|---|---|---|---|---|---|---|---|---|---|---|---|---|
| 公湆 | | | | | | | | 承信郎 | 公逑 | 承信郎 | 公璹 | 成忠郎 | 公遞 | |
| 彥伀 | | | 彥征 | | | 彥横 | 彥佮 | | 彥峻 | | | | 彥侲 | 彥什 |
| 浯夫 | 璽夫 | 歷夫 | 瑍夫 | 灩夫 | [illegible]夫 | | | | 鈍夫 | | | | | |

| | | | | | | | |
|---|---|---|---|---|---|---|---|
| | | | | | 公迎 | | |
| | | | | | 公遢 | 彥偶 | |
| | | | | | | 彥僯 | |
| | | | | | 將仕郎公蓮 | 彥俗 | |
| | | | | | | 彥鈽 | |
| | | | | | | 彥鈋 | |
| | | | | | 公逭 | 彥鍴 | |
| | | | | | | 彥鉡 | |
| | | | | | | 彥佯 | |
| | | | 武翼郎叔馳 | 左儒林郎翼之 | 公檠 | 彥沘 | 㷍夫 |
| | | | | | | 彥瀎 | 楢夫 |
| | | | | | 承節郎公譙 | 彥璫 | 汻夫 |

| | | | | | | | | | | | | |
|---|---|---|---|---|---|---|---|---|---|---|---|---|
| | | | | | | | | | | | | |
| | | | | | | | | | | | | |
| | | | | | | | | | | | | |
| | | | | | | | | | | | | |
| | | | | | | | | 秉義郎習之 | | | | |
| | | 從義郎公窠 | | | | | | 武德郎公櫟 | | | | |
| | | 彥瀜 | 彥淲 | | 彥淳 | 彥溓 | 彥丕 | | 彥⿰氵言 | | | |
| 鑽夫 | | 鉥夫 | | 熜夫 | 熽夫 | 鐔夫 | | 錊夫 | 鉡夫 | 哲夫 | 沖夫 |
| 時⿰火卿 | 時焪 | 時燻 | | 時⿱日衣 | | | | | | | |
| 若濠 | 若湟 | | 若洊 | | | | | | | | | |
| | 嗣遷 | | | | | | | | | | | |
| | | | | | | | | | | | | |
| | | | | | | | | | | | | |

| | | | | | |
|---|---|---|---|---|---|
| 右班殿直叔嚮 | 修武郎 | | | | |
| 贈秉義郎翬之 | 修武郎 | 羿之 | | | |
| 承信郎 公栗 | 公集 | 公棐 | | | |
| 彥鎬 | 彥鑄 | 彥鏢 | 彥鏞 | 彥鑠 | |
| 灑夫 | 濆夫 | 湗夫 | | | |
| 時焟 | 時烻 | | | | |

| | | | | | | | | | | | | |
|---|---|---|---|---|---|---|---|---|---|---|---|---|
| | | | | | | | | | | | | |
| | | | | | | | | | | | | |
| | | | | | | | | | | | 高密侯克整 | |
| 叔遙 | | | | | | | | | | | 信都侯叔氏 | |
| 愼之 | 詠之 | | | | | | | | | | 博平侯晦之 | 武功大夫祺之 |
| | 公全 | 公輔 | | | | | | | | 公惠 | | 成忠郎公璔 |
| | | 彥燾 | | | | | | 彥廡 | 彥炁 | 彥璹 | | 彥穪 |
| | | 原夫 | 昂夫 | | 孝夫 | 奕夫 | 俶夫 | | | | | |
| | | | 時特 | | | | 時表 | | | | | |
| | | | 若鏞 | 若鐸 | | | | | | | | |
| | | | | | | | | | | | | |
| | | | | | | | | | | | | |

| | | | | | | | | | | | | | | |
|---|---|---|---|---|---|---|---|---|---|---|---|---|---|---|
| | | | | | | | 公璉 | 公瑋 | | | | | | |
| 彥楑 | | 彥楧 | | 彥恭 | 彥棆 | 彥栢 | | 彥釐 | | | | 彥榛 | 彥檜 | 彥梗 |
| 嵗夫 | [亻堂]夫 | 洛夫 | 昱夫 | | 潜夫 | 洼夫 | | 鋗夫 | | | 鉽夫 | | | |
| | 時枇 | | | | | | | 時璙 | | 時[王央] | | | | |
| | | | | | | | | 若檳 | 若[木叟] | 若樇 | | | | |

| | | | | | | | | | | | | | | |
|---|---|---|---|---|---|---|---|---|---|---|---|---|---|---|
| | | | | | | | | | | | | | | |
| | | | | | | | | | | | | | | |
| | | | | | | | | | | | | | | |
| | 從義郎 | 僧之 | | | | | | | | | | | | |
| | | 公照 | 公宜 | | | | | | | | | | | |
| 彥樺 | | | 彥造 | | | | | 彥遁 | 彥追 | | | | 彥遄 | |
| | | | 企夫 | 方夫 | | 尼夫 | 育夫 | | 岌夫 | | 闌夫 | | 黨夫 | 佃夫 |
| | | | 時棪 | 時櫟 | 時訓 | | | | 時鈴 | 時鑼 | 時棶 | 時椆 | | |
| | | | | | 若瀳 | | | | | 若潺 | 若[illegible] | | | |

贈正議大夫叔陵

修武郎擷之

公僅　從事郎公儀

彥迸　彥浚　彥國　彥圃　彥仝

璭夫　伹夫　任夫　邇夫　正夫　遊夫　逑夫　迅夫

時洑　時淤　時滓　時泭　時邂

若楙

| | | | | | | | | | | | | | | |
|---|---|---|---|---|---|---|---|---|---|---|---|---|---|---|
| | | | | | | | | | | | | | | |
| | | | | | | | | | | | | | | |
| | | | | | | | | | | | | | | |
| | | | | | | | | | | | | | | |
| 修武郎 | | | | | | | | | | | | | | |
| 成忠郎 | 公仍 | 公任 | | 公仲 | 忠翊郎 | | | | | | | | | |
| | | | 彥復 | 彥衘 | | 彥仱 | | | | | 彥介 | 彥企 | 彥仝 | |
| | | | | | | | 隲夫 | 瘱夫 | | | 庠夫 | | | 䢖夫 |
| | | | | | | | | 時侒 | 時逌 | 時遳 | 時遵 | | | |
| | | | | | | | | | | | | | | |
| | | | | | | | | | | | | | | |
| | | | | | | | | | | | | | | |

揚之

公佐　承節郎公任　公仔　公休

彥賢　彥緊　彥堅　彥良　彥童

能夫　宜夫

時優

若鑾

嗣淳　嗣潭　嗣湜　嗣澺　嗣潛　嗣濂

| | | | | | | | | |
|---|---|---|---|---|---|---|---|---|
| | | | | | | 贈右千牛衛大將軍叔諄 | | |
| | | 左朝請郎緝之 | | | 奉議郎培之 | 忠翊郎祈之 | | |
| 公係 | 公但 | 公議 | 公囦 | 公論 | | 公全 | 承節郎公輔 | |
| | | | | | | | 彥燾 | |
| | | | | | | | 愿夫 | 昂夫 |
| | | | | | | | | 時特 |

| | | | | | | | | | | | | | | |
|---|---|---|---|---|---|---|---|---|---|---|---|---|---|---|
| | | | | | | | | | | | | | | |
| | | | | | | | | | | | | | | |
| | | | | | | | | | | | | | | |
| | | | | | | | | | | | | | | |
| | | | | | | | | | | 保義郎 | 禋之 | | | |
| | | | | | | | | 保義郎 | 公惠 | | 公寅 | | | |
| | | | | | | | 彥廡 | | | | 彥闓 | | | |
| 孝夫 | 变夫 | 俶夫 | | | | | | | | | 湯夫 | | | |
| | | 時厭 | 時廲 | | | | | | | | 時現 | 時瓛 | | 時琧 |
| | | | 若儻 | 若依 | 若僬 | 若俓 | | | | | | 若鋈 | 若盜 | |
| | | | | | | | | | | | | | | |
| | | | | | | | | | | | | | | |
| | | | | | | | | | | | | | | |

| | | | | | | | | | | | | | |
|---|---|---|---|---|---|---|---|---|---|---|---|---|---|
| | | | | | | | | | 公進 | 承信郎公賢 | | | |
| 彥問 | | | | | | | | | | 彥覺 | | | |
| 俞夫 | | | | | 搖夫 | 僉夫 | | 舍夫 | | 起夫 | | | |
| 時瑄 | | | | 時璃 | | 時慁 | 時懕 | 時轞 | | 時倯 | | 時倍 | 時偭 |
| 若悳 | 若戀 | 若慈 | 若悬 | | | | | | | 若瓃 | 若瓔 | 若璀 | 若瑓 |

| | | | | | | | | | | | | | |
|---|---|---|---|---|---|---|---|---|---|---|---|---|---|
| | | | | | | | | 公旦 | 公壽 | 公呈 | | | |
| | | | | | | 彥霈 | | | | 彥俳 | | | |
| | | | 磤夫 | | 雩夫 | 協夫 | | | | 鍍夫 | | 釪夫 | 銄夫 |
| | | | 時[王辟] | 時璹 | | | | | | 時琨 | 時[王回] | | 時隸 | 時瀐 |
| 若瑫 | 若璹 | 若[臨/土] | 若輪 | | | | | | | | | | |

| | | | | | | | | | | | | | |
|---|---|---|---|---|---|---|---|---|---|---|---|---|---|
| | 保義郎禔之 | | | | | | | | | | | | |
| | 秉義郎公明 | | | | | | | | | | | | |
| | 彥悉 | | | 彥郝 | | | | | | | | | |
| 鏁夫 | 訑夫 | 訕夫 | | 詩夫 | | | | | 芾夫 | 諛夫 | 茀夫 | | |
| | | 時畊 | 時轞 | 時釧 | | 時鐥 | 時鈉 | 時釵 | | | 時溪 | 時鐇 | |
| | | | | 若泙 | 若濼 | | | | | | | 若琈 | 若壘 |

| | | | | | | | | | | | | | | |
|---|---|---|---|---|---|---|---|---|---|---|---|---|---|---|
| | | | | | | | | 東牟侯 | 叔渾 | | | | | 文安侯 |
| | | | | | 祕之 | 忠翊郎 | 被之 | 三班借 | 職禧之 | 左班殿 | 直祧之 | 保義郎 | 禊之 | 保義郎 |
| | | | | 請夫 | | | | | | | | | | |
| | | 時舒 | | 時辵 | | | | | | | | | | |
| 若至 | 若壘 | 若嗞 | 若眀 | | | | | | | | | | | |

| | | | | | | | | | |
|---|---|---|---|---|---|---|---|---|---|
| 叔釗 | | | | 武節郎叔蓍 | | | | | 贈承議郎叔繩 |
| 禧之 | 承節郎祖之 | | 承節郎祐之 | 修武郎英之 | | | | 保義郎藎之 | 文林郎詠之 |
| 公謹 | 公僬 | | | 公溢 | 公汴 | 公源 | 公湛 | | 公實 |
| | 彥琖 | 彥珇 | | | | | | | |

| | | | | | | | | | |
|---|---|---|---|---|---|---|---|---|---|
| | | | | | 奉信郎〔二〕公曠 | 彥緡 | 退夫 | 時禱 | 若亞 |
| | | | | | | | | 時祈 | 若陘 |
| | | | | | | | | 時城 | |
| | | | | | | 彥璐 | 鏁夫 | | |
| | | | | | | 彥堪 | 銅夫 | 時濱 | |
| | | | | | | | 鐇夫 | 時崟 | |
| | | | | | | | 扔夫 | | |
| | | | | | | | 鋅夫 | 時弸 | |
| | | | | | | | 鉎夫 | | |
| | | | | | | | 錄夫 | | |
| | | | | | 公暘 | | | | |
| | | | | | 公暉 | 彥經 | 烘夫 | | |
| | | | | | 承節郎公昭 | | | | |

| | | | | | | | | | | | |
|---|---|---|---|---|---|---|---|---|---|---|---|
| | | | | | | 秉義郎澤之 | | 贈中奉大夫渙之 | | | |
| 公畯 | | | | | | 公勉 | 公扐 | 朝奉大夫公夤 | | | |
| 彥紃 | | | 彥繡 | 彥穮 | | | | 彥則 | 彥囦 | | |
| 熯夫 | | [illegible]夫 | | 炔夫 | 烙夫 | | | 岡夫 | 回夫 | | 當夫 |
| 時[illegible] | 時堛 | 時邊 | | 時昂 | | | | | 時稘 | 時稭 | 時衕 |

武翼大夫叔斯　贈金紫光祿大夫叔晅

秉義郎紘之

公元　承信郎公化

彥牧　彥頎　彥緷

党夫　城夫　燠夫　狆夫　獚夫　涼夫

時果　時𠰷　時改　時襄　時熆

若坙

| | | | | | | | | |
|---|---|---|---|---|---|---|---|---|
| 右中奉大夫、開國男紹之 | | | | | | | | |
| 從政郎公起 | 承直郎公賛 | | | | | | | |
| 彥翌 | 彥禖 | 彥聳 | 彥鍈 | 彥訪 | | | | |
| 楮夫 | 玶夫 | 璾夫 | 琱夫 | 培夫 | 皆夫 | 棨夫 | 樤夫 | 杆夫 |
| 時瓛 | | | | | | | | |

| | | | |
|---|---|---|---|
| 公賢 文林郎 | 彥兔 | 懿夫 | |
| | | 噲夫 | 時椳 |
| 公琤 從政郎 | 彥讓 | 榕夫 | 時焆 |
| | | | 時礎 |
| | | 桍夫 | 時熺 |
| | | 橡夫 | 時隊 |
| | | 櫞夫 | |
| | 彥詛 | 梫夫 | |
| | 彥計 | 榑夫 | 時奐 |
| | | 秔夫 | |
| | 彥謹 | 榣夫 | |
| | 彥諫 | 櫭夫 | |
| | 彥譟 | | |

左朝請大夫繼之

秉義郎公鼐　修武郎公盛

彥愷　彥省　彥繇　彥潯　彥長　彥陵　彥審

翯夫　榎夫　檜夫

時璉　時[illegible]　時瓗　時珼　時璩

若昇　若[illegible]

| | | | | | | | | | | |
|---|---|---|---|---|---|---|---|---|---|---|
| | | | | | | | | | | 修武郎 |
| 承議郎公隰 | 從政郎公鼐 | | | | 宣教郎公卣 | | | | 從事郎公鼂 | 左從政 |
| 彥岡 | 彥愬 | 彥恳 | | 彥意 | 彥寔 | 彥秦 | 彥楺 | 彥槺 | 彥比 | |
| | | 渢夫 | 洄夫 | | | | | | 畬夫 | |

| | | | | | | | | | | | | |
|---|---|---|---|---|---|---|---|---|---|---|---|---|
| | | | | | | | | | | | | |
| | | | | | | | | | | | | |
| | | | | | | | | | | | | |
| | | | | | | | | | | | | |
| 續之 | | | | | | | | | | | | |
| 郎公硞 | | | 朝請郎公砬 | | | | | | | | 迪功郎公磦 | |
| 彥琦 | | | 彥商 | | | | | 彥葴 | | 彥邠 | 彥壔 | 彥瑚 |
| 暴夫 | 涑夫 | 澢夫 | 棻夫 | 宕夫 | | | 宿夫 | 淝夫 | 瀷夫 | | | 兔夫 |
| | 時樸 | | | 時廡 | 時庌 | 時塵 | | 時神 | | | | 時桄 |
| | | | | | | | | | | | | |
| | | | | | | | | | | | | |
| | | | | | | | | | | | | |

| | | | | | | | | | | | | |
|---|---|---|---|---|---|---|---|---|---|---|---|---|
| | | | | | | | | 忠訓郎維之 | | | | |
| | | | | | | | 成忠郎公𥓙 | 公畕 | 公密 | 公秴 | | |
| | 彥琯 | | | | | | 彥詷 | | | 彥儒 | | |
| 倈夫 | 溡夫 | 潒夫 | 氻夫 | 灑夫 | | | | | | 睨夫、 | 曦夫 | 昨夫 |
| | 時榴 | 時積 | | 時偪 | 時穚 | 時稌 | | | | | | |
| | | | | 若煥 | | | | | | | | |

| | | | | | | | | | | | |
|---|---|---|---|---|---|---|---|---|---|---|---|
| | | | | | | | | | | | |
| | | | | | | | | | | | |
| | | | | | | | | | | | |
| | | 忠翊郎緒之 | | | | | | | | | |
| 承信郎公喦 | | 承信郎公衞 | 承節郎公衡 | | | | | | | | |
| | | | 彥演 | | | | | | | 彥璋 | |
| | | | 梲夫 | | | | 稟夫 | 櫐夫 | 耒夫 | 栝夫 | |
| | | | 時爌 | 時烰 | 時炤 | 時燓 | 時焱 | 時竭 | 時煤 | 時熰 | 時炤 | 時燁 |
| | | | | | | | | | | | |
| | | | | | | | | | | | |
| | | | | | | | | | | | |

| | | | | | | | | | | | | | | |
|---|---|---|---|---|---|---|---|---|---|---|---|---|---|---|
| | | | | | | | | | | | | | | |
| | | | | | | | | | | | | | | |
| | | | | | | | | | | | | | | |
| | | | | | | | | | | | | 承節郎 | 繹之 | |
| | | | | | | | | | | | | 保義郎 | 公澈 | |
| | | | 彥法 | | | | | | 彥沃 | | | | 彥簣 | |
| 棈夫 | 梯夫 | | 檁夫 | 楀夫 | | | 棉夫 | | 檬夫 | | 棪夫 | | 估夫 | 壖夫 |
| 時烱 | 時熄 | 時熑 | | 時焴 | 時燎 | 時燐 | 時燧 | 時燙 | 時烌 | 時爨 | | | 時盼 | 時譖 |
| | | | | 若壓 | | | | | | | | | | 若僊 |
| | | | | | | | | | | | | | | |
| | | | | | | | | | | | | | | |
| | | | | | | | | | | | | | | |

| | | | | | | | | |
|---|---|---|---|---|---|---|---|---|
| | | | | | | | | 時諷 |
| | | | | | | | 德夫 | |
| | | | | | 成忠郎公泳 | 彥恭 | | |
| | | | | | | 彥璹 | | |
| | | | 武節大夫叔辦 | 忠翊郎琇之 | 公一 | | | |
| | | | | | 公二 | | | |
| | | | | | 公千 | 彥浩 | 註夫 | |
| | | | | 承節郎珣之 | 公釜 | 彥鎡 | | |
| | | | | | | 彥艮 | 賞夫 | |
| | | | | | | 彥起 | | |
| | | | | 承節郎城之 | 公儀 | 彥迪 | | |

| | | | | | | | | | | | | | | |
|---|---|---|---|---|---|---|---|---|---|---|---|---|---|---|
| 璨之 | | 璟之 | 玠之 | 珙之 | 瓊之 | 成忠郎 | 珏之 | | | | | 琮之 | | |
| 公壽 | 公燾 | 公萬 | | | | | 公語 | 公處 | 公熾 | 公萊 | 公爲 | 公復 | | 公闉 |
| | | 彥倬 | | | | | | | | | 彥掄 | 彥緝 | 彥縊 | |

| | | | | | | |
|---|---|---|---|---|---|---|
| 保義郎 | 玖之 | | | | | |
| 公笑 | 公直 | 公梓 | 成忠郎 | 公檜 | | |
| 彥霆 | 彥繽 | 彥潮 | 彥泳 | | | |
| 諭夫 | 誼夫 | 鉤夫 | 鐙夫 | 錫夫 | 鉞夫 | 鏄夫 |
| 時墀 | 時堁 | | | | | |

| | | | | | |
|---|---|---|---|---|---|
| 成經郎〔三〕叔瑰 | 肅之 | | | | |
| | 厚之 | | | | |
| | 載之 | 公烏 | 彥邦 | 劭夫 | |
| | | | 彥鐯 | | |
| | | | 彥乂 | | |
| | | 承信郎公節 | 彥銓 | | |
| | | | 彥鋼 | | |
| | | | 彥燓 | 昆夫 | |
| 左班殿直叔渡 | 承節郎允之 | 承信郎公彥 | | | |
| 敦武郎叔嶒 | 承信郎儛之 | 秉義郎公及 | 彥際 | 遷夫 | 時英 |
| | | | | 通夫 | |

| | | | | | | | | | | | | | | |
|---|---|---|---|---|---|---|---|---|---|---|---|---|---|---|
| | | | | | 忠訓郎 | 用之 | | | | | | | | |
| | | | | 公珩 | | 公晞 | | | | | | 公遷 | | |
| | | | 彥擬 | | | 彥談 | 彥詡 | | 彥讚 | 彥誕 | 彥玭 | 彥譜 | 彥誘 | 彥護 |
| 進夫 | 遂夫 | 道夫 | | | | 腆夫 | 茅夫 | 薈夫 | | | | 淄夫 | | |

左班殿直叔腴　左班殿直叔轙　秉義郎叔嘿

忠訓郎寶之

公昕　公晄　公俊　承節郎公作

彥環　彥玦　彥玎　彥誼　彥諄

仞夫　作夫　篴夫　機夫　玶夫

| | | | | | | | | | | | |
|---|---|---|---|---|---|---|---|---|---|---|---|
| | | | | | | | 秉義郎宏之 | | | 秉義郎憲之 | |
| | | | 承節郎公價 | | | 公信 | 公倚 | 公仁 | | 保義郎公執 | |
| | 彥計 | | 彥訦 | 彥詠 | 彥訢 | | | 彥譎 | 彥禧 | 彥厲 | 彥猛 |
| 玧夫 | 遞夫 | 迲夫 | | | | | | | | 鹹夫 | 賫夫 |

| | | | | | | | | | |
|---|---|---|---|---|---|---|---|---|---|
| | | 右監門率府率克播 | 樂平郡王克暨 | | | | | | |
| | | | 高密郡公叔耘 | | | | | | |
| | | | 武功大夫節之 | | | | | | |
| | | | 公厚 | 秉義郎公原 | | | | 公謹 | 承節郎公澤 |
| 彥轀 | 彥挑 | | | 彥儔 | 彥燾 | 彥律 | 彥鐩 | | |
| | | | | | | | 復夫 | | |
| | | | | | | | 時雍 | | |

| | | | | | | | | | | | | | | |
|---|---|---|---|---|---|---|---|---|---|---|---|---|---|---|
| 右侍禁 | 理之 | 武翼大 | 夫資之 | 敦武郎 | 握之 | 祐之 | 忠之 | 從義郎 | 翼之 | | | | | |
| 承信郎 | 公巽 | | | | 公敏 | | | | 公寗 | 公壽 | 公圭 | 保義郎 | 公輝 | |
| | | | | | | | | | | | | | 彥慮 | 彥淳 |
| | | | | | | | | | | | | | 閏夫 | 桂夫 |

| | | | | | | | | | |
|---|---|---|---|---|---|---|---|---|---|
| | | | | | | | 彥湍 | | |
| | | | | | | | 彥櫸 | 昌夫 | |
| | | | | | 和之秉義郎 | 公行忠翊郎 | 彥能 | 抃夫 | 時用 |
| | | | | | | | 彥㬎 | | |
| | | | | | | | 彥熊 | 顯夫 | |
| | | | | | | | | 闡夫 | |
| | | | | | | | | 才夫 | 時昕 |
| | | | | | | | | | 時照 |
| | | | | | | | | | 時方 |
| | | | | | | | 彥溢 | 安夫 | |
| | | | | | | | | 仲夫 | |
| | | | | | | | 彥盧 | 嵋夫 | |
| | | | | | | | | 閣夫 | |
| | | | | | 立之 | 公明 | | | |

| | | | | | | | | | | | | | | |
|---|---|---|---|---|---|---|---|---|---|---|---|---|---|---|
| | | | | | | | | | | | | | | |
| | | | | | | | | | | | | | | |
| | | | | | | | | | | | | | | |
| | | | | | | | | | 饒陽侯 | 叔徇 | | | | |
| | | | | | | | | | 敦武郎 | 先之 | | | | 修武郎 |
| 公夙 | 忠翊郎 | 公似 | 公興 | | 承信郎 | 公諧 | | 公微 | 保義郎 | 公權 | 公桂 | 承信郎 | 公櫄 | |
| 彥屺 | | | 彥可 | 彥表 | | 彥僞 | 彥推 | | | | | | | |
| | | | | | | | 枳夫 | | | | | | | |
| | | | | | | | | | | | | | | |
| | | | | | | | | | | | | | | |
| | | | | | | | | | | | | | | |
| | | | | | | | | | | | | | | |
| | | | | | | | | | | | | | | |

| | | | | | | | | | | |
|---|---|---|---|---|---|---|---|---|---|---|
| 道之 | 承節郎順之 | 忠翊郎碩之 | | | | | | | | |
| 公仙 | | | | | | 公域 | 承節郎 | 公畏 | | |
| 彥皪 | 彥昺 | 彥皚 | 彥昨 | 彥瓛 | 彥伎 | 彥瑃 | | 彥銳 | 彥瑓 | 彥珇 |
| | | | | | | | | | 麟夫 | |

| | | | | | | | | | |
|---|---|---|---|---|---|---|---|---|---|
| 內殿崇班叔繕 | 內殿崇班叔蠡 | | | | | | | | |
| | 予之 | 似之 | 修武郎補之 | 忠訓郎宜之 | | | | | 保之 |
| | | | 公彈 | 公堅 | 公壽 | 公疆 | 公曠 | 公彌 | |
| | | | | | | | 彥袁 | 彥琩 | |
| | | | | | | | 衡夫 | | |

| | | | | |
|---|---|---|---|---|
| 武安郎〔三〕叔宴 | 保義郎令之 | 承信郎公鑑 | 彥宣 | 幼夫 |
| | | | | 遴夫 |
| | | | 彥若 | 湍夫 |
| | | | | 運夫 |
| | | | 彥靖 | |
| | | | 彥欽 | |
| | | 承信郎公燾 | 彥輝 | |
| | | | 彥竑 | |
| | | 公廉 | | |
| | 從之 | | | |
| | 球之 | | | |
| 東頭供奉官叔 | 從義郎 | 承節郎 | | |

| | | | | | | | |
|---|---|---|---|---|---|---|---|
| | | | | | | | |
| | | | | | | | |
| | | | | | | | |
| 澴 | | 修武郎叔僤 | 左班殿直叔誸 | 右班殿直叔鮪 | 武經郎叔蠖 | | |
| 宜之 | | | | | 譓之 | 修職郎諿之 | 修武郎讜之 |
| 公珪 | 承節郎公琰 | | | | 公彥 | 公喆 | 承節郎公易 |
| | | | | | | 彥頻 | 彥躍 |
| | | | | | | | 澾夫 |
| | | | | | | | |
| | | | | | | | |
| | | | | | | | |
| | | | | | | | |
| | | | | | | | |

| | | | | | | | | | |
|---|---|---|---|---|---|---|---|---|---|
| | | | | | 從義郎叔旨 | 武翼郎叔跗 | 右侍禁叔瑫 | 右班殿直叔詳 | 修武郎 |
| | | | | 從義郎諝之 | | | | | 成忠郎 |
| 承信郎公撚 | | | | | | | | | 承節郎 |
| | 彥龔 | 彥躋 | 彥踵 | | | | | | |

| |
|---|
| |
| |
| 贈左領軍衛將軍克壯　贈右屯衛大將軍克終 |
| 叔蹟 |
| 遇之　顯之　珙之 |
| 公明　公顥　承信郎　公皦　公時 |
| 彥曖　彥穗　彥矚　彥淪 |
| 沾夫　諴夫　讙夫 |

| | | | | | | | | | |
|---|---|---|---|---|---|---|---|---|---|
| 榮國公克類謚良孝 | | | | | | | | | |
| 馮翊郎叔攜 | | | | | | | | | |
| 武翼郎全之 | | | | | | | | | |
| 承節郎公弨 | 承節郎公昌 | | | | 從信郎公從 | | | 將仕郎公邠 | 公拜 |
| | 彥廙 | 彥廉 | 彥廩 | | 彥魚 | | | | |
| | | | 枌夫 | 楮夫 | 楀夫 | 橡夫 | 璔夫 | | |

| | | | | | | | | | | | |
|---|---|---|---|---|---|---|---|---|---|---|---|
| | | | | | | | | 敦武郎同之 | | | |
| 訓武郎公赫 | | | | | | 公珏 | 公靚 | 公衮 | 承節郎公臿 | | |
| 彥儻 | | | 彥僬 | 彥儵 | 彥儶 | | | 彥祿 | 彥璂 | 彥爕 | |
| 植夫 | 檍夫 | 梜夫 | | | 坻夫 | | | | | 榮夫 | 瑩夫 |

| | | | | | | | | | | |
|---|---|---|---|---|---|---|---|---|---|---|
| | | | | | | | | | | |
| | | | | | | | | | | |
| | | | | | | | | | | |
| 贈武翼郎叔悬 | | | | | | | | | | |
| 武翼郎顧之 | | | | | | 左班殿直頤之 | | | | |
| 公廉 | 秉義郎公慶 | | | | | 承節郎公載 | | | | |
| 彥瑀 | 彥約 | 彥縞 | | | | 彥紹 | 彥頙 | 彥紱 | 彥維 | 彥純 |
| | | 棫夫 | | 樟夫 | 栿夫 | | | | | 靖夫 |
| | | 時俊 | 時傑 | | | | | | | |

| | | | | | | | | | | | | |
|---|---|---|---|---|---|---|---|---|---|---|---|---|
| | 贈中散大夫公驥 | | | | | | | | | | | |
| | 彥經 | | 彥繩 | | | | 彥繪 | | | | 彥絅 | |
| 翊夫 | 材夫 | | 樸夫 | | | | 招夫 | 掞夫 | 庲夫 | 森夫 | 恪夫 | |
| | 時宻 | 時顯 | 時傻 | 時倩 | 時儒 | 時僟 | 時忝 | | 時晉 | | 時淵 | 時㟪 |

| | | | | | | | | | | | | | | |
|---|---|---|---|---|---|---|---|---|---|---|---|---|---|---|
| | | | | | | | | | | 武功大 | 夫叔瑍 | | | |
| | | | | | | | 秉義郎 | 顧之 | 願之 | 修武郎 | 礴之 | | | 忠訓郎 |
| | | | | | | | 承節郎 | 公戩 | | | 公偃 | 公伸 | | |
| | | | | 彥終 | | | | 彥紡 | | | | 彥孚 | 彥擇 | |
| 集夫 | 甄夫 | 曮夫 | 偘夫 | 櫄夫 | 初夫 | 檜夫 | | 樓夫 | | | | | | |
| | 時鑒 | | 時槩 | | | | | 時楙 | | | | | | |

| | | | | | | | | | | | | | |
|---|---|---|---|---|---|---|---|---|---|---|---|---|---|
| 穗之 | 敦武郎程之 | | | | | | | | | | | | |
| | 承節郎公俁 | | | | | | | | | | 朝奉郎公偰 | | |
| | 彥秀 | | | | 彥穫 | | | 彥秱 | | 彥枋 | | 彥穜 | 彥穡 |
| | 誧夫 | 訹夫 | 諲夫 | 譀夫 | 譮夫 | 譯夫 | 諶夫 | 銳夫 | 銛夫 | | | | 稷夫 |

| | | | | | | | | | | | | | | |
|---|---|---|---|---|---|---|---|---|---|---|---|---|---|---|
| | | | | | 忠訓郎 | 稷之 | | | | | | 承節郎 | 穎之 | 承節郎 |
| | | | 成忠郎 | 公伋 | 武經郎 | 公伢 | | | 公儼 | 公侶 | 公仰 | | | |
| 彥秢 | 彥䅖 | 彥稔 | | 彥椁 | | 彥艾 | 彥薁 | 彥葴 | | | | | | |

| | | | | | | | | | | | |
|---|---|---|---|---|---|---|---|---|---|---|---|
| 稱之 | [illegible]之 | 忠訓郎[illegible]之 | | | | | | | | 秉義郎稵之 | |
| | | 公彥 | 公儻 | 公份 | 公倬 | | | 公傑 | 公健 | 公訪 | 公側 | 公信 |
| | | | | | 彥諒 | 彥統 | 彥璵 | 彥謳 | | | |
| | | | | | | | | 融夫 | | | |

| | | | |
|---|---|---|---|
| 修武郎 櫸之 | 公俅 | | |
| | 公備 | | |
| | 成忠郎 公儉 | | |
| | 公蓁 | | |
| 忠訓郎 稃之 | 公敷 | 彥毛 | |
| | 公俌 | 彥崇 | 秀夫 |
| | 公仲 | 彥實 | 壽夫 |
| | | | 貫夫 |
| | 公俏 | | |
| 忠翊郎 𥗤之 | 公侔 | | |
| 承節郎 | | | |

| | | | | | | | | | | | | | | |
|---|---|---|---|---|---|---|---|---|---|---|---|---|---|---|
| | | | | 東頭供 | 奉官叔 | 訂 | 武經郎 | 叔□ | | | | | | |
| 稶之 | | | 稑之 | 忠翊郎 | 一之 | | | 立之 | 保義郎 | 棫之 | 秉義郎 | 程之 | | |
| 公侶 | 公偰 | 公俁 | | | | | | | | | 成忠郎 | 公會 | 公得 | 承信郎 |
| 彥杯 | | | | | | | | | | | | 彥詠 | | |

左班殿直叔墠　贈右通議大夫、集英殿修撰叔近

贈朝請大夫交之

公孜　公盂　公魯　從政郎公喆　右迪功郎公實

彥著　彥壽　彥冰

珤夫　璿夫

| | | | | | | | | | | | | | |
|---|---|---|---|---|---|---|---|---|---|---|---|---|---|
| | | | | | | | | | 朝奉大夫公賓 | | | | |
| | | 彥優 | 彥倪 | | | 彥假 | 彥僙 | | 彥候 | | | | |
| 謙夫 | 尊夫 | 旺夫 | 緬夫 | 纘夫 | 紱夫 | 縮夫 | | 璝夫 | 璲夫 | 瑮夫 | 玘夫 | 瓘夫 | 琇夫 |

卞之　燓之

公寘　公賨　秉義郎　公汖　公宴

彥仍　彥仟　彥儆　彥悳　彥偶　彥傈　彥偤　彥侶　彥誠　彥詠

議夫

右迪功郎僙之

公賨　修職郎公滓　公渻　承節郎公汻

彥模　彥壚　彥域　彥榕

儴夫　俍夫　修夫　傳夫　儅夫　架夫　境夫　場夫　墍夫

時欒　時楀　時輹

| | | | | | | | | | | | | |
|---|---|---|---|---|---|---|---|---|---|---|---|---|
| | | | | | | | | | | | | |
| | | | | | | | | | | | | |
| | | | | | | | | | | | | |
| | | | | | | | | | | 武經大夫叔玑 | 內殿崇班叔梁 | 成忠郎 |
| | | | | | | | | | 繪之 | 修職郎葵之 | 保義郎楫之 | 成忠郎 |
| 迪功郎 | 公湔 | | 公洪 | | | | | | | | 公言 | |
| | 彥鈇 | | 彥悉 | | | | 彥潛 | 彥彝 | | | | |
| | 賙夫 | 睟夫 | 栩夫 | 祝夫 | 禪夫 | 袂夫 | 紡夫 | 礜夫 | | | | |
| | | | 時倅 | | | | | | | | | |
| | | | | | | | | | | | | |
| | | | | | | | | | | | | |
| | | | | | | | | | | | | |
| | | | | | | | | | | | | |

叔顒

顯之　成忠郎頑之

公靚　公頌　公領

彥玨　彥玗　彥珆　彥琿　彥玶　彥珼　彥𤩍

褁夫　禛夫　祾夫　禘夫　䙏夫　裓夫　褍夫　衸夫　禉夫　褖夫

時𨕙

| | | | | | | | | | | | | |
|---|---|---|---|---|---|---|---|---|---|---|---|---|
| | | | | | | | | | | | | |
| | | | | | | | | | | | | |
| | | | | | | | | | | | | |
| | | | | | | | | | | | | |
| | 修職郎頎之 | | | | | | | | | | | |
| | 承節郎公斌 | | | | | | | | | 公珙 | 承節郎公琅 | |
| | 彥岍 | | 彥崿 | | | 彥嶠 | | | | 彥嵎 | 彥騤 | |
| 褣夫 | 淯夫 | | 徽夫 | 徹夫 | | 繪夫 | 綨夫 | 紼夫 | 絺夫 | | 瀌夫 | 湲夫 |
| | 時鑿 | 時鎏 | 時湔 | 時瀿 | 時溶 | | | | | | | |
| | | | | | | | | | | | | |
| | | | | | | | | | | | | |
| | | | | | | | | | | | | |
| | | | | | | | | | | | | |

| | | | | | | | | | | |
|---|---|---|---|---|---|---|---|---|---|---|
| | | | | | | | | | | |
| | | | | | | | | | | |
| | | | | | | | | | | |
| | | | | | | | 修武郎叔竝 | | | |
| | | | | | | | 贈朝奉郎籑之 | | | |
| | | | | | | 承節郎公璞 | 朝請郎公意 | | 忠訓郎公忠 | 從義郎公愍 |
| 彥鉅 | | | | | | 彥釭 | 彥芸 | 彥蒁 | 彥芊 | 彥芾 |
| 寑夫 | 窒夫 | 賨夫 | 守夫 | 莚夫 | 寧夫 | 瞰夫 | 桱夫 | | 桓夫 | |
| | | | | | | | | | | |
| | | | | | | | | | | |
| | | | | | | | | | | |
| | | | | | | | | | | |
| | | | | | | | | | | |

| | | | | | | | | | | |
|---|---|---|---|---|---|---|---|---|---|---|
| | | | | | | | | | | |
| | | | | | | | | | | |
| | | | | | | | | | | |
| | | | | | | | | | | |
| | | | | | | | | | 秉義郎簫之 | |
| | 公悊 | 訓武郎公憙 | 忠訓郎公寱 | | | 成忠郎公懟 | | | 公悳 | 公薏 |
| 彥茉 | | 彥蕆 | 彥𦺇 | | | 彥芭 | | 彥荎 | 彥聚 | 彥芷 |
| 楠夫 | | | 祁夫 | 杼夫 | 惓夫 | 槿夫 | 檽夫 | | 橙夫 | |
| 時梴 | | | | | | 時𥗽 | 時碔 | | 時遷 | |
| 若鏄 | | | | | | 若鐈 | | | | |

| | | | | | | | | | | | | | | |
|---|---|---|---|---|---|---|---|---|---|---|---|---|---|---|
| | | | | | | | | | | | | | | |
| | | | | | | | 安定侯承 | 操 | | | | | | |
| | | | | | | | 太子右 | 內率府 | 副率克 | 勉 | 常山郡 | 公克助 | 謚孝良 | |
| | | | | | | | | | | | 建國公 | 叔復謚 | 孝良 | |
| | | | | | | | | | | | | 奉議郎 | 延之 | |
| | | | 公蒽 | | | | | | | | | | 公遠 | 公位 |
| 彥蓀 | 彥苡 | 彥蓮 | 彥鶷 | | | | | | | | | | | |
| | 僾夫 | | 櫟夫 | 樋夫 | | 榟夫 | | | | | | | | |
| | | | | 時鑄 | 時鋑 | | | | | | | | | |

| | | | | | | | | | | |
|---|---|---|---|---|---|---|---|---|---|---|
| | | | 朝奉郎建之 | 修武郎祉之 | | | | 秉義郎禔之 | | |
| 公表 | 公遷 | 公說 | | 公懋 | 承信郎公慤 | | | 承信郎公戔 | | |
| | | | | | 彥僔 | 彥僊 | | 彥砦 | 彥輣 | |
| | | | | | | 礿夫 | 褫夫 | | 和夫 | |
| | | | | | | | | | 時倇 | |
| | | | | | | | | | 若褭 | 若岪 |

| | | | | | | | | | | | | | | |
|---|---|---|---|---|---|---|---|---|---|---|---|---|---|---|
| | | | | | | | | | | | | | | |
| | | | | | | | | | | | | | | |
| | | | | | | | | | | | | | | |
| | | | | | | | | | | | | | | |
| | | | | | | | | | | | | | | |
| 公醽 | | | | | | | | | | | | | | |
| | | | | | | | | | | | | 彥轄 | | |
| | 彌夫 | | | 杉夫 | 訶夫 | 珍夫 | | | | | 齊夫 | 源夫 | | |
| | 時拂 | 時潒 | 時泩 | 時湅 | 時瑛 | 時澰 | 時庿 | 時庁 | 時厲 | | 時廥 | 時枚 | 時儆 | 時祿 |
| | | | 若寶 | | 若夰 | | | | | 若顓 | 若懋 | | | |

| | | | | | | | | |
|---|---|---|---|---|---|---|---|---|
| | | | | | | | | |
| | | | | | | | | |
| | | | | | | | | |
| | 康州防禦使叔洞 | | | | | | | |
| | 忠訓郎衡之 | 左中大夫術之 | | | | | | |
| 保義郎公从 | | 承節郎公儒 | 左從政郎公傑 | | | | | 右從政郎公健 |
| | | | 彥暐 | 彥略 | 彥晧 | 彥晤 | 彥昞 | 彥犨 |
| | | | 瀙夫 | | 澤夫 | | | 汦夫 |
| | | | 時瞉 | | | | | 恃愨 |
| | | | | | | | | 若璽 |
| | | | | | | | | |
| | | | | | | | | |
| | | | | | | | | |

| | | | | | | | | | | | |
|---|---|---|---|---|---|---|---|---|---|---|---|
| | | | | | | | | 宣教郎公億 | 公保 | 儒林郎公偰 | | |
| | | | | 彥昇 | | | | | | 彥曉 | | |
| | | | | 轞夫 | | | 轔夫 | | | 軼夫 | 歷夫 | 輶夫 |
| | 時籛 | 時惣 | 時滙 | 時簾 | 時悪 | 時忿 | | | | 時衕 | 時僡 | |
| 若燰 | | 若碥 | 若碏 | | | | | | | | | |

| | | | | | | | | | |
|---|---|---|---|---|---|---|---|---|---|
| | | | | | | | | | |
| | | | | | | | | | |
| | | | | | | | | | |
| | 叔昈武德郎 | | | | | | | | |
| | 定之忠朝郎 | 衛之秉義郎 | | 衛之從義郎 | | | | | |
| | 公倚 | | 公倬成忠郎 | 公倓成忠郎 | 公佖承信郎 | | | | |
| | 彥聿 | | | | | | | 彥晰 | |
| | 宖夫 | | | | | 坒夫 | 塈夫 | 濹夫 | [車從]夫 |
| 時梗 | 時播 | | | | | | | | |
| 若愍 | | | | | | | | | |
| | | | | | | | | | |
| | | | | | | | | | |
| | | | | | | | | | |

| | | | | | | | | | | | | | | |
|---|---|---|---|---|---|---|---|---|---|---|---|---|---|---|
| | | | | | | | | | | | | | | |
| | | | | | | | | | | | | | | |
| | | | | | | | | | | | | | | |
| | | | | | | | | | | | | | | |
| | | | | | | | | | | | | | | |
| | | | | | | | | | | | | | | |
| | | | | | | | | | | | | 彥譯 | | |
| | | | | | 衞夫 | 宁夫 | 窵夫 | | | | | 從夫 | 宔夫 | |
| 時標 | 時璭 | 時璑 | 時茵 | 時芝 | 時譁 | 時珽 | 時鏻 | 時鉍 | 時鎦 | 時鈴 | 時釪 | | 時誌 | |
| | | | | | | | | | | 若溹 | | | 若湔 | 若瀞 |
| | | | | | | | | | | | | | | |
| | | | | | | | | | | | | | | |
| | | | | | | | | | | | | | | |

| | | | | | | | | | | | | | | |
|---|---|---|---|---|---|---|---|---|---|---|---|---|---|---|
| | | | | | | | | | | | | | 承節郎 | |
| | | | | | | | | | | | | | 寬之 | |
| | | | | | | | | | | | | | 公珍 | 公碧 |
| | | | | | | | | | | | | | | 彥撁 |
| | | 立夫 | | | | | | | | | | | | 情夫 |
| | 時諯 | 時詁 | | | 時詮 | | 時詥 | | 時詷 | 時詣 | 時訂 | | | 時漐 |
| 若涶 | | 若[illegible] | 若恭 | 若悳 | 若[illegible] | 若悉 | 若慫 | 若憿 | | | | | | |

| | | | | | | | | | | | | | | |
|---|---|---|---|---|---|---|---|---|---|---|---|---|---|---|
| | | | | | | | | | | | | | | |
| | | | | | | | | | | | | | | |
| | | | | | | | | | | | | | | |
| | | | | | | | | | | | | | | |
| | | | | | | | | | 宷之 | | | | | |
| | | | | | | | | 公琪 | 公薿 | 公璘 | 公瑠 | | | |
| | | | 彥㨨 | | | 彥揑 | 彥攬 | | | | 彥撕 | | | |
| | | | 悾夫 | 惜夫 | 惐夫 | | | | | | 諏夫 | 謁夫 | | |
| 時洴 | 時鈷 | 時䅇 | 時樑 | 時穗 | 時穰 | | | | | | 時珼 | 時璽 | 時壘 | 時塈 |
| | | | | | | | | | | | | | | |
| | | | | | | | | | | | | | | |
| | | | | | | | | | | | | | | |
| | | | | | | | | | | | | | | |

| | | | | | | | | | | | | | | |
|---|---|---|---|---|---|---|---|---|---|---|---|---|---|---|
| | | | | | | | | | | | | | | |
| | | | | | | | | | | | | | | |
| | | | | | | | | | | | | | | |
| | | | | | | | | | | | | | | |
| | | | | | 宲之 | 宻之 | 容之 | | | | | | | |
| | | | | | | | 公億 | | | | 公伉 | 修職郎 | 公僢 | |
| | | | | | | | 彥袷 | 彥禘 | 彥裸 | | | | 彥述 | |
| | 譁夫 | 詒夫 | 讌夫 | 諉夫 | | | | | 拚夫 | 摫夫 | | | 擯夫 | 抱夫 |
| 時堅 | | | | | | | | | | | | | 時覂 | 時昃 |
| | | | | | | | | | | | | | | |
| | | | | | | | | | | | | | | |
| | | | | | | | | | | | | | | |
| | | | | | | | | | | | | | | |

內殿承制叔勮

公倚　公倢

彥𨗴　彥遂　彥邋　彥怡　彥僧

櫔夫　榤夫　概夫　瓙夫　瑰夫　琙夫　㻩夫　椇夫

時癸　時覂　時𡋯　時𡉚　時堪

| | | | | | | | | | |
|---|---|---|---|---|---|---|---|---|---|
| | | | | | | | 南陽郡公承亶 | | |
| | | | 建國公克勍 | | | | 濟陰侯克眷 | | |
| 武功大夫叔鮮 | | | 供備庫副使叔蓬 | | 武翼郎叔瑭 | 內殿崇班叔蹊 | 宣城侯叔潔 | | |
| 承信郎珫之 | 琦之 | 珙之 | 修職郎載之 | | | | 修武郎壽之 | | |
| | | | | | | | 公寶 | | |
| | | | | | | | 彥從 | 彥徽 | 彥跂 |

| | | | | | | | | | | | |
|---|---|---|---|---|---|---|---|---|---|---|---|
| | | | | | | | | | | | |
| | | | | | | | | | | | |
| | | | | | | | | | 北海侯克迓 | | |
| | | | | | | | | 內殿崇班叔庚 | 右班殿直叔晨 | 武功郎叔曉 | |
| | | | | | | | | | | 保義郎貫之 | |
| 公寔 | | | | | | | | | | 公夋 | 公艾 |
| 彥巖 | | | | | 彥準 | | | | | | |
| 坊夫 | | | 龔夫 | 墇夫 | 傑夫 | 优夫 | 僯夫 | | | | |
| 時伈 | | | 時愜 | | | | | | | | |
| 若晭 | 若[illegible] | 若[illegible] | | | | | | | | | |
| | | | | | | | | | | | |
| | | | | | | | | | | | |

承奉郎
習之
保義郎拱之
忠訓郎充之

公文
文林郎公乂
公忎

彥熙
彥物

堯夫
續夫

時湉
時濦
時汧
時瀫
時傗
時健

若珄
若瓛
若堧
若鈅
若鉉
若宧
若軨
若銳
若鏾

| | | | | |
|---|---|---|---|---|
| | | | 時倄 | |
| | | 适夫 | 時偤 | 若墇 |
| | | | 時誼 | |
| | | 祁夫 | 時烯 | 若錚 |
| 公忞 | 彥迺 | 燭夫 | 時係 | |
| | | | 時傳 | |
| | | | 時俗 | |
| | | | 時傆 | |
| | | | 時哭 | |
| | | | 時坐 | |
| | | 鑒夫 | | |
| | | 豈夫 | | |
| | | 臬夫 | 時傜 | 若轅 |
| | | 撚夫 | | |
| | | 禾夫 | 時潚 | |

| | | | | | | | | | | | | | |
|---|---|---|---|---|---|---|---|---|---|---|---|---|---|
| | 右奉議郎左之 | | | | 右之 | | | | | | | | |
| | 承信郎公夷 | | | | 公悳 | | | | | | | | |
| | 彥鏗 | | | 彥鉞 | 彥坪 | | | | | | 彥琈 | | |
| | 滮夫 | 渲夫 | 濬夫 | 錬夫 | 籌夫 | | | 篆夫 | | | 毅夫 | | |
| 時原 | | | | | 時銘 | 時鍉 | 時鑭 | 時茹 | 時潩 | 時濼 | 時擬 | 時捬 | 時捆 |
| | | | | | | | | | | | | 若瑨 | |

| | | | | | | | | | | | | | | |
|---|---|---|---|---|---|---|---|---|---|---|---|---|---|---|
| | | | | | | | | | | | | | | |
| | | | | | | | | | | | | | | |
| | | | | | | | | | | | | | | |
| | | | | | | | | | | 右侍禁 | 叔饒 | | | |
| | | | | | 承信郞 | 識之 | | | | 從事郞 | 和之 | 左文林 | 郞厚之 | |
| | | | | 公窸 | 保義郞 | 公都 | 公貴 | 公心 | | | | | 公旦 | 公玵 |
| | | | | | | | | 彥錝 | 彥鑈 | | | | | 彥實 |
| | 籥夫 | | | | | | | | | | | | | 瓖夫 |
| 時擛 | 時攄 | 時掎 | 時[illegible] | | | | | | | | | | | 時鐏 |
| | | | | | | | | | | | | | | |
| | | | | | | | | | | | | | | |
| | | | | | | | | | | | | | | |
| | | | | | | | | | | | | | | |

武經郎叔漉

修職郎仰之　定之　兆之　右朝奉郎約之

從義郎公甫

彥洸　彥顯　彥信　彥洺　彥惠

勸夫　儕夫　逯夫　愜夫

時鐐　時鉏　時雯　時鋋　時霙

| | | | | | | | | | | | | |
|---|---|---|---|---|---|---|---|---|---|---|---|---|
| | | | | | | | | | | | | 希之 |
| | 訓武郎公申 | | | | | | | 保義郎公均 | | | | |
| 彥江 | 彥先 | | | | | | 彥允 | 彥嶙 | 彥諏 | 彥穩 | 彥善 | |
| 儻夫 | 肖夫 | 裳夫 | 纓夫 | 蒳夫 | 掌夫 | 蓍夫 | | 蘇夫 | 蘆夫 | | | |
| | | | | | | | | 時諄 | | | | |

| | | | | | | | | | | | | | |
|---|---|---|---|---|---|---|---|---|---|---|---|---|---|
| | | | 東陽侯 | 克慕 | | | | | | | | | |
| | | | 左侍禁 | 叔琮 | | | | | | | | | |
| 益之 | 揖之 | 恭之 | 忠訓郎 | 泳之 | | | | | | | | | |
| | | | | 公芹 | 儒林郎 | 公楷 | | | 公文 | | | | |
| | | | | | | 彥昇 | 彥歸 | | 彥達 | | | | |
| | | | | | | | 霍夫 | | 慄夫 | | | | |
| | | | | | | | 時櫟 | 時柜 | 時諠 | 時諓 | 時瑫 | 時瑯 | 時瑺 |
| | | | | | | | 若遺 | 若邐 | | 若悆 | | | |

| | | | | | | | | | | | | | | |
|---|---|---|---|---|---|---|---|---|---|---|---|---|---|---|
| 悏夫 | | | | | 忬夫 | 恉夫 | | | | | | | | 忔夫 |
| | 時頊 | 時瑼 | 時瑯 | 時礓 | 時珝 | 時璸 | 時䛆 | 時諀 | 時諂 | 時訪 | 時淅 | 時激 | 時竬 | 時竣 |
| | | | | | | | | 若烈 | 若慮 | | 若念 | | | |

| | | | | | | | | | | | | | | |
|---|---|---|---|---|---|---|---|---|---|---|---|---|---|---|
| | | | | | | | | | | | | 秉義郎 | 叔詶 | 左班殿 |
| | | | | | | | 秉義郎 | 公武 | | 公政 | | | | |
| 彥遠 | | | | | 彥遵 | 彥适 | | 彥造 | 彥宣 | 彥通 | 彥遐 | | | |
| 秝夫 | 秖夫 | | 櫰夫 | 潛夫 | | | | | 伈夫 | | | | | |
| | 時淳 | 時燀 | | 時柤 | | | | | 時鏨 | | | | | |

| | | |
|---|---|---|
| | | |
| 昌化侯承嗣 | | |
| 右監門率府率克念 | | |
| 直叔衙 | 右侍禁叔鋼 | 武經郎叔謇 |
| | | |
| | | |
| | | |
| | | |
| | | |
| | | |
| | | |
| | | |
| | | |

## 校勘記

〔一〕奉信郎　按本書卷一六九職官志，文階有奉議郎，武階有承信郎，但無「奉信郎」，疑此有誤。

〔二〕成經郎　按同上書文武官無此階，惟武階中有武經郎，「武」、「成」二字形近，疑「成」字爲「武」字之訛。

〔三〕武安郎　按同上書文武官無此階，疑此有誤。

# 宋史卷二百三十九

## 表第三十

## 宗室世系二十五

鄆國公房

| 世次 | 名 |
|---|---|
| 一 | 保平軍節度使、鄆國公德鈞 |
| 二 | 贈解州防禦使承震 |
| 三 | 河內侯克明 |
| 四 | 贈右武衛大將軍叔璘 |
| 五 | 太子右內率府副率訪之 |
| 六 | 太子右 |

| | | | | | | | | | | |
|---|---|---|---|---|---|---|---|---|---|---|
| 內率府副率次之 | 鄖國公沆之 | | | | | | | | | |
| | 武經郎公冕 | | | | | | | | | |
| | 彥仁 | 彥弼 | 彥輔 | | | | | | | |
| | | | 誠夫 | 晉夫 | | | | | | |
| | | | | 時雨 | | | 時弼 | 時鑑 | | |
| | | | | 若栢 | | 若瓆 | | 若杞 | 若櫖 | 若樟 | 若傢 |
| | | | | 嗣權 | 嗣衜 | | | 嗣璛 | | |

右侍禁公臣　修武郎

彥閟　彥璧　彥舜

仝夫　程夫

時約　時慼　時恚　時當　時其　時裕　時思

若樽　若栭　若湜　若穹　若乘

嗣文

| | | | | | | | | | | | | | | |
|---|---|---|---|---|---|---|---|---|---|---|---|---|---|---|
| 公允 | | | | | | | | | | | | | | |
| 彥文 | 彥授 | | | | | | | | | | | | | |
| | 秀夫 | | | | | | | 顯夫 | | | | | 榤夫 | |
| | 時詵 | | | | | | 時廉 | 時璟 | | | | 時臻 | 時法 | |
| | 若鏶 | | | 若銓 | 若鏘 | 若鋼 | | 若鐘 | 若鏸 | 若鐳 | 若鑐 | 若鑒 | 若錟 | 若鎔 |
| | 嗣廡 | 嗣序 | 嗣檐 | | 嗣宛 | 嗣寗 | | 嗣昉 | 嗣睞 | | | 嗣漢 | | |

| | | | | | | |
|---|---|---|---|---|---|---|
| | 太子右監門率府率擬之 | 贈右屯衛大將軍積之 | | | 新秦郡公與之 | |
| | | 三班借職公英 | 右班殿直公威 | 三班借職公敏 | 公鼉 | 公至 |
| 彥逸 | | | | | 彥駒 | 彥駿 |
| | | | | | | 瑢夫 |
| | | | | | | 時倫 |
| | | | | | | 若淸 |
| | | | | | | 嗣愷 |

| | | | |
|---|---|---|---|
| | | | 嗣益 |
| | | | 嗣稷 |
| | | | 嗣岐 |
| | | 若漣 | 嗣曾 |
| | | | 嗣顏 |
| | | | 嗣荄 |
| | 時儒 | | |
| | 時任 | 若滂 | 嗣旦 |
| | | | 嗣蕑 |
| | | 若潭 | |
| 珊夫 | 時仲 | | |
| | 時侶 | | |
| | 時誘 | 若鉉 | |
| | | 若鐻 | 嗣睦 |
| | | | 嗣萊 |

| | | | | | | | | | | | | | | |
|---|---|---|---|---|---|---|---|---|---|---|---|---|---|---|
| | | | 理夫 | 瑢夫 | | | | | | | | 珪夫 | | |
| 時請 | | | | 時偰 | | | | 時俊 | 時倲 | 時儴 | | 時俛 | | |
| 若鈴 | 若鎬 | 若鏡 | | 若瀓 | | 若蕊 | | 若津 | 若淨 | 若潯 | 若洊 | 若龥 | | |
| | | | | 嗣蕙 | 嗣萃 | 嗣瓊 | 嗣蒴 | 嗣虉 | | | | 嗣逨 | 嗣幪 | 嗣峌 |

| | | | | | | | | | | | | | | |
|---|---|---|---|---|---|---|---|---|---|---|---|---|---|---|
| | | | | | | | | 安定郡王 | 承簡 | | | | | |
| | | | | | | | | 建安郡 | 公克荷 | | | | | |
| | | | | | 右武衛 | 大將軍 | 叔詹 | 建安郡 | 公叔驥 | | | | | |
| | | | | | | | | 高密侯 | 補之 | | | | | |
| | | | | | | | | 左侍禁 | 公應 | | | | | 武翼郎 |
| | | | | 彥騆 | | | | | 彥防 | 彥瞳 | 彥時 | | | |
| | | | 球夫 | | | | | | | | 巍夫 | | | |
| | | | | | | | | | | | 時鏻 | | 時优 | |
| | 若顧 | 若顓 | | | | | | | | | 若讜 | 若談 | 若瀛 | |
| 嗣崍 | | | | | | | | | | | | | | |
| | | | | | | | | | | | | | | |
| | | | | | | | | | | | | | | |

| | | | | | | | | | | |
|---|---|---|---|---|---|---|---|---|---|---|
| | | | | | | | | | | |
| | | | | | | | | | | |
| | | | | | | | | | | |
| | | | | | | | | | | |
| 右武衞大將軍、康州防禦使寫之 | | | | | | | | | | |
| 武翼郎公彥 | 左班殿直公曦 | | | | | | | | | 公禮 |
| 彥仁 | | | | | | | | | | 彥德 |
| | | | 壹夫、 | 吉夫 | 義夫 | | | | | 澡夫 |
| | | 時儉 | 時茂 | | | | 時伋 | 時蒙 | 時儔 | |
| | | | 若路 | | | 若⿰礻逢 | 若祗 | | | |
| | | | | | | | | | | |
| | | | | | | | | | | |
| | | | | | | | | | | |

| | | | | |
|---|---|---|---|---|
| 彥魯 | | | | |
| 彥說 | 雲夫 | 時宣 | 若濟 | |
| | | | 若隆 | 嗣銓 |
| | | | 若堂 | 嗣錠 |
| | | 時宇 | 若柄 | |
| | | | 若灋 | |
| | | 時昌 | 若桂 | |
| | 偉夫 | 時永 | | |
| | | 時康 | 若無 | |
| | 儼夫 | | | |
| 彥元 | 仲夫 | 時墉 | | |
| | | 時賓 | 若鏩 | |
| | 仰夫 | | | |
| 彥稷 | | | | |
| 彥明 | | | | |

| | | | | | | | | | | | | |
|---|---|---|---|---|---|---|---|---|---|---|---|---|
| | 贈朝議大夫公隨 | | | | | | | | | | | |
| 彥和 | 彥通 | 彥明 | | 彥道 | | | | | | | | 彥韓 |
| | | 定夫 | | 仁夫 | | | | | | | 義夫 | |
| | | 時廩 | 時席 | 時庎 | | | | | | 時廉 | | |
| | | 若鏷 | | 若瓓 | | 若瓛 | | 若瓍 | 若瑝 | 若璹 | | |
| | | | | 嗣連 | 嗣遲 | 嗣選 | 嗣遠 | 嗣遄 | | 嗣恭 | | |

| | | | | | | | | | | | | | | |
|---|---|---|---|---|---|---|---|---|---|---|---|---|---|---|
| | | | | | | | | | | 太子右 | 監門率 | 府率字 | 之 | 武翼大 |
| 忠翊郎 | 公玘 | | | | | | | | 公達 | | | | | 從義郎 |
| | 彥迪 | | | | | | | | | | | | | |
| | 俠夫 | | | 誕夫 | | | | | | | | | | |
| | 時僔 | | | 時揆 | 時攸 | 時湧 | | 時沓 | | | | | | |
| | 若惕 | 若瑱 | 若玗 | | | 若桐 | 若攃 | | | | | | | |

| | | | | | | | | | | | | | |
|---|---|---|---|---|---|---|---|---|---|---|---|---|---|
| 夫謹之 | | | | | | | | | | | | | |
| 公悅 | | | | | | | | | | | | | 從義郎公照 |
| 彥抃 | | | | | | | | | | | | | 彥爽 |
| 知夫 | | | | | | 駿夫 | | 靈夫 | 量夫 | 蕘夫 | 墚夫 | | |
| 時揚 | 時球 | | | 時泰 | 時用 | 時滌 | 時賢 | | 時琬 | | 時佩 | 時通 | |
| | 若悚 | 若惆 | 若憸 | | | | | | 若佟 | | | | |

武翼郎 定之 忠訓郎

公純 承信郎 公朴

彥旦 彥義 彥惜

鉟夫 鋑夫 鑇夫 𨭉夫 夔夫 龍夫 益夫

時塡 時湄 時洸

| | | | | | | | | | | |
|---|---|---|---|---|---|---|---|---|---|---|
| | | | | | | | | | | |
| | | | | | | | | | | |
| | 南陽侯克興 | | | | | | | | | |
| | 右班殿直叔惆 | 修武郎叔僙 | | | | | | | | |
| 望之 | | 成忠郎庸之 | 奇之 | 承節郎庚之 | 忠訓郎艮之 | | | | | |
| | | | | | 公允 | | | | | |
| | | | | | 彥施 | 彥擁 | 彥溫 | 彥泥 | 彥淳 | 彥輔 |
| | | | | | 瓖夫 | | | | | |

| | | | | | | | | | |
|---|---|---|---|---|---|---|---|---|---|
| | | | | | | | | | |
| | | | | | | | | | |
| | | | | | | | | | |
| | | | | | | 左班殿直叔秩 | 武經郎叔觥 | | |
| | | | | | | | 修武郎啓之 | | 義之 |
| | 公堯 | 公先 | 保義郎公俟 | 公依 | 承信郎公果 | | 公新 | 承信郎公珋 | |
| 彥濟 | | | 彥植 | | | | | | |

| | | | | | | | | | | | |
|---|---|---|---|---|---|---|---|---|---|---|---|
| | | | | | | | | | 安定郡王承幹 | | |
| | | | | | | | | | 和國公克敦 | | |
| | | | | | | | | | 高密郡公叔盎 | | |
| 善之 | | | | | | | 蓡之 | 羨之 | 右班殿直瓌之 | 右班殿直琳之 | 秉義郎珉之 |
| 公灋 | 公逵 | | | | | 公遺 | 公資 | | | | 公宅 |
| | 彥佹 | 彥鐊 | 彥鐻 | 彥銹 | 彥估 | 彥叙 | | | | | |
| | | | 极夫 | 淄夫 | | | | | | | |

| | | | | |
|---|---|---|---|---|
| | 秉義郎公定 | 彥達 | 焆夫 | |
| | | 彥迥 | 光夫 | 時濴 |
| | | | | 時轕 |
| | | | 焯夫 | 時濰 |
| | | | 煇夫 | 時架 |
| | | | 熺夫 | |
| | 公寶 | | | |
| | 保義郎公實 | | | |
| | 公安 | | | |
| | 公察 | | | |
| | 承節郎公寬 | 彥述 | | |
| 忠訓郎 | | | | |

| | | | | | |
|---|---|---|---|---|---|
| | | | | 瑨之 | |
| | | | 武顯大夫叔鉞 | 忠訓郎珹之 | |
| | | | | 承節郎璟之 | 公儀 |
| | | | | | 公義 |
| | | | 武經郎叔諟 | | |
| | | 東平侯克臻 | 右監門率府率叔愼 | | |
| | | | 崇國公叔炤 | 太子右監門率府率寘之 | |

| | | | | | | | | | | | |
|---|---|---|---|---|---|---|---|---|---|---|---|
| 汝南侯籍之 | | | | | | | | | 贈修武郎榮之 | | |
| 成忠郎公緒 | 訓武郎公遠 | | | | | | 公綽 | 公石 | 修武郎公抃 | | |
| | 彥椿 | 彥祖 | | | | | | | 彥傑 | | |
| | | 覃夫 | 貌夫 | 處夫 | 聿夫 | 溱夫 | | | 潛夫 | 淳夫 | 津夫 |

| | | | | | | | | | | | | | |
|---|---|---|---|---|---|---|---|---|---|---|---|---|---|
| | | | | | | 贈朝議大夫承之 | | | | | | | |
| | | | | | 公孺 | 訓武郎公謹 | | | | | | | |
| 彥俊 | | | | | | 彥揖 | | | | | | | |
| 潛夫 | 濛夫 | 汯夫 | 瀓夫 | 澮夫 | | 澹夫 | | | 溉夫 | | 汴夫 | | |
| | | | | | | 時边 | | | 時遞 | 時遷 | 時裀 | 時暒 | 時䀝 |
| | | | | | | 若穗 | 若種 | 若諰 | | | | | 若澅 |

| | | | | | | | | | | | | |
|---|---|---|---|---|---|---|---|---|---|---|---|---|
| 朝請大夫公說 | | | | | | | | | | | | |
| 彥域 | | | | | | | | 彥塏 | | | | 彥札 |
| 鍠夫 | 錦夫 | 鈵夫 | | | | | 鉁夫 | 鐻夫 | | 鎮夫 | | 鍈夫 |
| | 時濱 | 時洄 | 時冲 | | 時禋 | 時溯 | | 時澽 | 時漪 | 時泜 | 時灄 | 時塛 |
| | | | 若詡 | 若詔 | | | | 若櫑 | 若楙 | | | |

| | | | | | | | | | | | | |
|---|---|---|---|---|---|---|---|---|---|---|---|---|
| | | | | | | | | | | | | 通直郎 |
| | | 彥垓 | 彥塒 | | | | | | 彥垠 | | | 彥圻 |
| 鑠夫 | 錄夫 | | 鑒夫 | 鍪夫 | 鐅夫 | 鍓夫 | 鏠夫 | 鐭夫 | 銍夫 | 鐎夫 | 鏵夫 | 鋗夫 | 鉽夫 |
| | 時埩 | | | | | | | | | 時滐 | | | |
| | 若核 | | | | | | | | | | | | |

| | | | | | | | | | | | | | | |
|---|---|---|---|---|---|---|---|---|---|---|---|---|---|---|
| | | | | | | | | | | | 武翼郎 | 翼之 | 贈右朝 | 請大夫 |
| 公誼 | | | | | | | | | | | | | 贈特進 | 公智 |
| 彥樗 | | 彥越 | 彥棋 | | | | | | 彥程 | | | | | 彥開 |
| 墉夫 | 塘夫 | 增夫 | 璯夫 | | | 琅夫 | 瑯夫 | 軹夫 | 烯夫 | 烑夫 | | | | 琪夫 |
| | | | 時邍 | 時适 | 時邀 | | 時遡 | 時棁 | 時崠 | | | | | 時介 |

| | | | | | | | | | | | | | | |
|---|---|---|---|---|---|---|---|---|---|---|---|---|---|---|
| | | | | | | | | | | | | | | □之 |
| | | 彥晐 | | | 彥丞 | | 彥弼 | | | | | | | |
| 噉夫 | 喚夫 | 肆夫 | 涓夫 | 淳夫 | 浩夫 | 佇夫 | 儀夫 | | | 琈夫 | 琯夫 | 璹夫 | | |
| 時穟 | | 時侹 | | 時升 | 時亨 | | | | | 時埏 | | | | 時俞 |
| 若湝 | | | | | 若檜 | | | 若鉐 | 若鏻 | 若鉞 | | | 若錫 | 若鐈 |

| | | | | | | | | | | | | | |
|---|---|---|---|---|---|---|---|---|---|---|---|---|---|
| | | | | | | | | | | | | 公脊 | 贈武經郎公普 |
| | | 彥壐 | | | | | | | | | | | 彥括 |
| | 昕夫 | 忞夫 | | 翼夫 | 洄夫 | 沬夫 | 溓夫 | 怘夫 | | 愡夫 | | | 玑夫 |
| | 時盟 | 時佋 | 時傜 | | | | | 時玶 | 時鏈 | 時堙 | 時梟 | | |
| 若瀰 | 若列 | 若謰 | | | | | | | | | | | |

| | | | | | | | | | | | | | |
|---|---|---|---|---|---|---|---|---|---|---|---|---|---|
| | | | | | 贈武經大夫穆之 | | | | | | | | |
| | | | | | 武翼郎公鍔 | | | | 成忠郎公厚 | | | | |
| 彥柜 | 彥楝 | | 彥梁 | 彥欐 | | 彥瑎 | 彥璙 | | | 彥瑂 | | | |
| 琦夫 | 玠夫 | 玜夫 | 僪夫 | 翼夫 | | 譎夫 | 梗夫 | 謙夫 | | 佇夫 | 誕夫 | 儴夫 | |
| | | | | | | 時璟 | | | | 時格 | 時錫 | 時檄 | 時枋 |
| | | | | | | | | | | 若泚 | | | 若淴 |

| | | | | | | | | | | | | | | |
|---|---|---|---|---|---|---|---|---|---|---|---|---|---|---|
| | | | | | | | | | | | | | | |
| | | | | | | | | | | | | | | |
| | | | | | | | | | | | | | | |
| | | | | | | | | 建國公 | 叔戌 | | | | | |
| | | | | | | 敦武郎 | 著之 | 右監門 | 衛大將 | 軍要之 | 贈宣教 | 郎安之 | | |
| | | | | | 公丘 | | 公啓 | 承信郎 | 公敏 | | | 公堅 | 通直郎 | 公達 |
| | | 彥珊 | | 彥[illegible] | | | | | | | | 彥擓 | | 彥深 |
| | | 俑夫 | 佪夫 | | | | | | | | | 亢夫 | | 衆夫 |
| 時桭 | 時楫 | | 時逍 | | | | | | | | | 時悳 | | |
| 若汝 | | | | | | | | | | | | | | |
| | | | | | | | | | | | | | | |
| | | | | | | | | | | | | | | |
| | | | | | | | | | | | | | | |

| | | | | | | | | | | | | | | |
|---|---|---|---|---|---|---|---|---|---|---|---|---|---|---|
| | | | | | | | | | | 秉義郎 | 慶之 | | | |
| | | | | | | | | | | 保義郎 | 公壽 | 忠翊郎 | 公祿 | |
| 彥渭 | | | | | | 彥濟 | 彥瀛 | | | | 彥聲 | | 彥及 | 彥顏 |
| 棶夫 | | | | 柲夫 | 机夫 | | 誧夫 | 諆夫 | 謀夫 | | | | 琚夫 | |
| 時燁 | | 時墉 | | 時熣 | | | | | | | | | | |
| 若垪 | 若埱 | 若玨 | 若坩 | | | | | | | | | | | |

| | | | | | | | | | | | | | | |
|---|---|---|---|---|---|---|---|---|---|---|---|---|---|---|
| | | | | 贈武經郎雋之 | | | | | | | | | | |
| 承信郎 | 公應 | 公絢 | 公記 | 秉義郎 | 公輔 | 修職郎 | 公弼 | 秉義郎 | 公謹 | | | | | |
| | | | 彥遲 | | | | | | 彥熺 | | | | | 彥逑 |
| | | | 偎夫 | | | | | | 順夫 | 籲夫 | 資夫 | 頫夫 | 賓夫 | |
| | | | | | | | | | | 時先 | | | 時倚 | |

| | | | | | | | | | | | | | |
|---|---|---|---|---|---|---|---|---|---|---|---|---|---|
| 贈朝請郎公塡 | | | | | | | | | | | | | |
| 彥括 | | | | | | | | | | | | | |
| 庬夫 | | | | | | 戈夫 | | | 詳夫 | | | 以夫 | 回夫 |
| 時扈 | | | 時瑑 | 時毅 | 時熟 | 時湒 | 時霈 | 時淬 | 時琕 | 時襦 | 時樅 | 時珧 | 時溪 |
| 若玐 | 若琕 | 若瑂 | 若樒 | 若稔 | 若涀 | | | | | | | 若眉 | 若渡 |
| 嗣俊 | | | | | | | | | | | | | |

| | | | | | | | | | | | | |
|---|---|---|---|---|---|---|---|---|---|---|---|---|
| | | | | | | | | | | | | |
| | | | | | | | | | | | | |
| | | | | | | | | | | | | |
| | | | | | | | | | | | | |
| | | | 敦武郎彥之 | | | | | | | | | |
| | | | 承信郎公寶 | | | 公邃 | 公實 | 保義郎公宋 | | | | |
| | | | 彥璧 | 彥瑾 | 彥琿 | | | 彥溫 | 彥逼 | | | |
| 鉹夫 | 鏵夫 | | | | 因夫 | | | | 唐夫 | | | |
| | | | | | | | | | 時侹 | | | |
| 若畬 | | | | | | | | | 若鐔 | | 若棆 | 若棁 |
| | | | | | | | | | 嗣琅 | 嗣玗 | | |
| | | | | | | | | | | | | |
| | | | | | | | | | | | | |

忠訓郎應之　忠翊郎竞之

公度　公宧　公眕

彥璩　彥璇　彥塭

涇夫

時儁　時仟　時昊

若枚　若鏓　若鎠　若銉　若汀　若洞　若㴲　若勝

| | | | | | | | | | | | | | | |
|---|---|---|---|---|---|---|---|---|---|---|---|---|---|---|
| | | | | 時奢 | 時曾 | | | | | | | | 時晃 | 時昂 |
| 若肱 | 若朦 | | 若膽 | | 若膝 | 若朣 | 若期 | 若臐 | 若膰 | 若臞 | 若腴 | 若胙 | 若腆 | 若膴 |
| 嗣鏥 | 嗣鐱 | 嗣鉉 | 嗣鎧 | | | | | | | | | | | |

| | | | | | | | | | | | | | | |
|---|---|---|---|---|---|---|---|---|---|---|---|---|---|---|
| | | | | 沂夫 | | | | | | | | | 胄夫 | 渝夫 |
| | | | 時曅 | 時曆 | 時魯 | 時普 | | 時[illegible] | | 時暉 | 時噲 | 時瑎 | | 時啓 |
| 若騰 | 若腎 | 若膾 | 若[illegible] | | | 若[illegible] | 若朧 | 若腴 | 若臛 | | | | | 若腒 |

| | | | | | | | | | | | | | | |
|---|---|---|---|---|---|---|---|---|---|---|---|---|---|---|
| | | | | 湯夫 | | | | | | | 漢夫 | | | |
| | 時曈 | | 時曜 | 時暐 | 時晛 | 時暎 | | 時纁 | 時繳 | 時總 | 時昞 | | | |
| 若肵 | 若膝 | 若朋 | | | | 若賢 | 若僓 | | | | 若䐢 | 若𦢊 | 若臆 | 若服 |

| | | | | | | | | | | | | | | |
|---|---|---|---|---|---|---|---|---|---|---|---|---|---|---|
| | | | | | | | | | 彥玐 | 彥玵 | | | | |
| | | 滫夫 | | 漧夫 | | | | 沱夫 | | 淖夫 | | | | |
| 時䲾 | | 時音 | 時諻 | 時曦 | 時暈 | 時曬 | 時最 | 時㼛 | | 時昊 | 時旼 | | 時曉 | |
| 若股 | 若肜 | | | 若肪 | | 若增 | 若膹 | | | 若佪 | 若侃 | 若㒖 | 若琝 | 若檁 |

| | | | | | | | | | | | | | | |
|---|---|---|---|---|---|---|---|---|---|---|---|---|---|---|
| | | | | 公略 | | 忠翊郎公畋 | | | | | | | | |
| | | | | | | 彥叵 | | | 彥鉚 | | | | | 彥臨 |
| | 瀘夫 | | | | | 灝夫 | 瀛夫 | | 淍夫 | 泈夫 | 淤夫 | 漱夫 | 溴夫 | |
| 時昉 | 時晅 | 時晈 | | | | 時徆 | 時彷 | 時僵 | 時儔 | 時尾 | 時億 | 時儻 | 時傞 | |
| | 若佀 | 若墍 | 若堁 | | | | 若膃 | | | | 若明 | | | |

| | | | | | | | | | | | | | | |
|---|---|---|---|---|---|---|---|---|---|---|---|---|---|---|
| | | | | | | | | | | 華原郡 | 王叔霈 | | | |
| | 武德郎 | 通之 | | | | | | 成忠郎 | 晉之 | 左侍禁 | 辨之 | 武翼郎 | 渙之 | |
| 公畯 | 承信郎 | 公實 | | | 公楀 | 公家 | 公階 | | | | 公彥 | | 公敏 | |
| | | 彥立 | | 彥直 | | | | | | | | | 彥回 | |
| | | 祓夫 | 褆夫 | | | | | | | | | | 岷夫 | |
| | | | | | | | | | | | | | 時琰 | 時璥 |

| | | | | | | | | | | | | | | |
|---|---|---|---|---|---|---|---|---|---|---|---|---|---|---|
| | | | | | | | | | | | | | | |
| | | | | | | | | | | | | | | |
| | | | | | | | | | | | | | | |
| | | | | | | | | | | | | | | |
| | | | | | | | | | | | 敦武郎 | 信之 | | |
| | 公弼 | | | | | | | | | | | 公奕 | | |
| | 彥炤 | | | | | | | | | 彥墂 | | 彥侁 | 彥僆 | |
| | 彭夫 | | | | | 承夫 | 曦夫 | 駟夫 | 瑃夫 | 炳夫 | | 津夫 | 美夫 | 首夫 |
| 時珂 | 時尊 | | 時墼 | 時軻 | 時塙 | | | | 時闈 | 時壓 | | | | |
| 若玨 | 若陸 | 若坒 | | | | | | | | 若衡 | | | | |
| | | | | | | | | | | | | | | |
| | | | | | | | | | | | | | | |
| | | | | | | | | | | | | | | |

| | | | | | | | | | | | | | | |
|---|---|---|---|---|---|---|---|---|---|---|---|---|---|---|
| | | | | | | | 公熒 | | | | | | | |
| | | | | | | | 彥俘 | | 彥[illegible] | | | 彥從 | | |
| 闇夫 | 瀨夫 | 毅夫 | 端夫 | 正夫 | 英夫 | 晉夫 | 濬夫 | 涓夫 | 淀夫 | 清夫 | 汭夫 | 澠夫 | | |
| 時瑝 | | | | | | | | | | | | 時玗 | 時璠 | 時玦 |

| | | | | | | | | | | | | | | |
|---|---|---|---|---|---|---|---|---|---|---|---|---|---|---|
| | | | | | | | | | 公充 | | | 保義郎 | 公巘 | |
| | | | | | | | | | 彥侙 | | 彥侒 | | 彥偲 | |
| 渲夫 | | | | 㵢夫 | | 滬夫 | 涂夫 | | 濠夫 | 瀫夫 | 浮夫 | | 英夫 | 雄夫 |
| 時璓 | | 時瓐 | 時瑱 | 時璫 | 時瑎 | | 時玉 | 時盟 | 時玩 | | 時珻 | | | |
| 若橞 | 若梧 | | | 若榶 | | | | | 若梅 | | | | | |

| | | | | | | | | | | | |
|---|---|---|---|---|---|---|---|---|---|---|---|
| | | | | | | | | | | | |
| | | | | | | | | | | | |
| | | | | | | | | | | | |
| | | | | | | | | | | | |
| 從義郎 | | 正之 | 贈武經郎用之 | | | | | | | | |
| | 公泰 | 武翼郎 | 公廕 | | | | 承信郎 | 公府 | | 承信郎 | 公庾 |
| 彥儀 | | | 彥寧 | 彥宮 | 彥宅 | | 彥寬 | 彥宰 | 彥寯 | | 彥韡 |
| | | | | | 浚夫 | 清夫 | | | 瑡夫 | | ⿰王長夫 |
| | | | | | | | | | | | |
| | | | | | | | | | | | |
| | | | | | | | | | | | |
| | | | | | | | | | | | |

成忠郎懷之　承信郎成之　承信郎厚之　承信郎佩之　承信郎肅之

公康　公庶　公堯　承信郎公備

彥福　彥鼎

| | | | | | | | | | | | | | | |
|---|---|---|---|---|---|---|---|---|---|---|---|---|---|---|
| | 榮國公 | 叔倡 | | | | | | | | | | | | |
| | 武功郎 | 庸之 | | | | | | | | | | | | |
| | | 公靖 | 公嬬 | | 保義郎公章 | | | | | | | | | |
| 彥暢 | | | | | 彥貸 | | 彥賞 | | | | | 彥貴 | | |
| | | | | | 旼夫 | 曬夫 | 曄夫 | 晭夫 | 暭夫 | 映夫 | 曨夫 | 晤夫 | | |
| | | | | | | 時秀 | | 時湊 | | | | 時禃 | 時祚 | 時餐 |

| | | | |
|---|---|---|---|
| | 彥賓 | | |
| 修武郎 | | | |
| 公護 | 彥珢 | 宴夫 | |
| | | 龑夫 | 時鑇 |
| | | 宏夫 | |
| | 彥琛 | | |
| 公辦 | | | |
| 忠翊郎 | | | |
| 公毅 | 彥遠 | | |
| 公端 | | | |
| 公辛 | | | |
| 成忠郎 | | | |
| 公漪 | 彥璿 | | |
| | 彥珽 | 畺夫 | 時脊 |
| | | 陛夫 | 時晴 |

武經郎
賚之

公奇
忠翊郎
公茂

彥玢
彥纂

㷳夫
楧夫
得夫

時⿰火鄉
時悳
時恩
時念
時傳
時勉
時輝
時懃
時武

若璞
若聖
若玭
若璣
若珍

| | | | | | | | | | | | | | | |
|---|---|---|---|---|---|---|---|---|---|---|---|---|---|---|
| | | | | | | | | | | | | | | 彥珪 |
| 橙夫 | 焞夫 | 侂夫 | 苾夫 | 奬夫 | | | | | | 卣夫 | 瑀夫 | | | |
| | | | | 時潞 | | 時澠 | | | 時洎 | 時湁 | | | | |
| | | | | 若鍱 | 若睥 | 若琛 | 若瑍 | 若瑝 | 若珽 | | | | | |

| | |
|---|---|
| 濟陽侯叔䌇 | |
| 秉義郎康之 | 贈朝請大夫常之 |
| 公術 公衍 | 修武郎公迪 公逵 |
| | 彥侅 彥佖 彥儼 |
| | 洽夫 濬夫 湜夫 洪夫 渥夫 洧夫 治夫 |

| | | | | | | | | | | | | | |
|---|---|---|---|---|---|---|---|---|---|---|---|---|---|
| | | | | | 延之 | | | | | | | | |
| 公遇 | | | | 公邁 | 從義郎贈武翼郎公覲 | | | | | | | | |
| 彥傂 | | 彥傍 | 彥儢 | | 彥侖 | | | | 彥傣 | | | | |
| 泱夫 | | 瀌夫 | 湶夫 | | 慨夫 | | 俦夫 | 价夫 | 瓔夫 | | | | 璚夫 |
| 時熽 | 時烊 | | 時琄 | | 時晞 | 時晥 | | | 時扞 | | 時籲 | 時顒 | |
| | | | | | | | | | 若曈 | 若曨 | | 若衢 | |

| | | | | | | | | | | | | | | |
|---|---|---|---|---|---|---|---|---|---|---|---|---|---|---|
| | | | | | | 訓武郎 | 公覿 | | | 承節郎 | 公覲 | | | |
| | | | | | | | 彥沁 | 彥深 | 彥淮 | | 彥維 | 彥淀 | 彥淝 | |
| 璣夫 | | | 琯夫 | 玘夫 | 玴夫 | | | | | | | 鉚夫 | 榹夫 | 樸夫 |
| 時淡 | 時櫝 | | | | | | | | | | | | | |
| | 若睞 | 若畸 | | | | | | | | | | | | |

| | | | | | | | |
|---|---|---|---|---|---|---|---|
| | | | | 贈濮州團練使承偉 | | | |
| | | | | 廣平侯克溫 | | | |
| | | | 內殿崇班叔洪 | 臨汝侯叔徹 | 河內侯叔民 | | |
| | | | 承節郎堅之 | 太子右監門率府率測之 | 贈左領軍衞將軍占之 | 修武郎壽之 | |
| | | | | | | 公才 | |
| | | 彥潩 | | | | 彥匊 | |
| 栫夫 | 橺夫 | 榜夫 | | | | 琗夫 | 洵夫 |
| | 時璧 | 時炪 | | | | 時愖 | |

歷陽侯　克周

華國公　叔毗

西頭供奉官得之　高密侯　迎之　廣平侯　體之　馮翊侯

公器　公延　公恪　公粹　公迪　忠訓郎

侈夫　僯夫　暌夫

時諿

夙之
公亦
贈宣奉大夫公澤
彥古　中夫　時輔　若虡
若潛　嗣塾
廉夫
彥孟　譓夫　時發　若珪　嗣商
若鐻
若瑛
若玠
若瑄
時進
時弆　若琜
彥棨　寅夫
寔夫　時煐

| | | | | | | | | | | | | | | |
|---|---|---|---|---|---|---|---|---|---|---|---|---|---|---|
| | | | | | | | | | | | 武節郎 | 公亢 | | |
| | | 彥聲 | | | | | | | | 彥禼 | | 彥嵾 | | |
| | 鈜夫 | 斝夫 | | | | | 晉夫 | | | 祚夫 | | 翼夫 | 碩夫 | |
| 時攻 | 時潡 | 時驥 | | | | | 時駿 | | 時驥 | | | | 時有 | |
| | | 若琪 | | 若琚 | 若璆 | 若璇 | 若琄 | | | | | | 若楑 | 若梓 |
| | | 嗣櫪 | 嗣櫆 | | | | 嗣叜 | 嗣畟 | | | | | | 嗣線 |

安定郡王叔東

秉義郎 采之　左班殿直淲之　忠訓郎 櫄之　太子右內率府

公寶　公詠　公籌　公竿

時準　時聳

若櫝

嗣瓛　嗣珪

| | | | | | | | | | | | | | |
|---|---|---|---|---|---|---|---|---|---|---|---|---|---|
| | | | | | | | | | | | | | |
| | | | | | | | | | | | | | |
| | | | | | | | | | | | | | |
| | | | | | | | | | | | | | |
| 副率聿之 | 武經郎堅之 | | | | | | | | | | | | |
| | 秉義郎公煥 | | | | | | | | | | | | |
| | | 彥質 | | | | | | | | | | | |
| | | 祏夫 | | 禰夫 | | | | | | | | | |
| | | 時獻 | 時覲 | 時倆 | | 時傈 | | | | | | | 時侒 |
| | | | | 若珣 | | 若錊 | 若鍴 | 若鉀 | | | 若鏇 | | 若琽 |
| | | | | 嗣瀍 | 嗣漮 | 嗣𨙸 | | 嗣遷 | 嗣運 | 嗣逮 | 嗣遜 | 嗣泓 | 嗣修 |

| | | | | | | | | | | | | | | |
|---|---|---|---|---|---|---|---|---|---|---|---|---|---|---|
| | | | | | | | | | | | | 珂夫 | | |
| | | | | | | | | | 時僐 | | 時僖 | 時敃 | | |
| | | | 若玻 | | 若瓗 | | | | 若榛 | 若橉 | | 若嶒 | 若澡 | 若藻 |
| 嗣仲 | 嗣伊 | 嗣价 | 嗣伀 | 嗣僊 | 嗣伹 | 嗣佀 | 嗣仍 | 嗣僩 | | | | | | 嗣桱 |

| | | | | | | | | | | | | | | |
|---|---|---|---|---|---|---|---|---|---|---|---|---|---|---|
| | | | | | | | | | | | | | | |
| | | | | | | | | | | | | | | |
| | | | | | | | | | | | | | | |
| | | | | | | | | | | | | | | |
| | | | | | | | | | | | | | | |
| | | | | | | | | | | | | | | |
| | 彥賀 | | | | | | | | | | | | | |
| | 曈夫 | | | | | | 湛夫 | | | 泫夫 | | | | |
| | 時瑁 | 時璁 | | 時玫 | 時瑰 | 時璾 | 時琮 | | 時璇 | 時遐 | 時湍 | 時迵 | 時逡 | 時鍍 |
| 若藩 | | 若籛 | 若悳 | | 若愁 | 若恂 | 若鐳 | 若鋒 | | | 若鉁 | 若鈔 | | |
| | | | | | | | | | | | | | | |
| | | | | | | | | | | | | | | |
| | | | | | | | | | | | | | | |

| | | | | | | | | | | | | | | |
|---|---|---|---|---|---|---|---|---|---|---|---|---|---|---|
| | | | | | | | | | | | | | | |
| | | | | | | | | | | | | | | |
| | | | | | | | | | | | | | | |
| | | | | | | | | | | | | | | |
| | | | | | | | | | | | | | | |
| | | | | | | | | | | | | | | |
| | | | | 彥資 | 彥贊 | 彥貴 | | | | | | | | |
| 濼夫 | | | 潚夫 | | | 湜夫 | | | | 滴夫 | 湔夫 | | | |
| 時槻 | 時樘 | 時桎 | | | | 時還 | | | 時遨 | | 時澮 | 時鑠 | | 時鉛 |
| | 若卓 | | | | | 若鐵 | 若鋑 | 若鎌 | 若銖 | | 若鐇 | 若灘 | 若灩 | |
| | | | | | | | | | 嗣機 | | | | | |
| | | | | | | | | | | | | | | |

| | | | | | | | | | |
|---|---|---|---|---|---|---|---|---|---|
| 贈右宣敎郎堂之 | | | | | | | 左班殿直塾之 | 彪之 | |
| 左承議郎公綽 | | | | 保義郎公恪 | | | | | |
| 彥脊 | | | | 彥翁 | 彥翕 | 彥翔 | | | |
| 澺夫 | 瀞夫 | 溟夫 | 洴夫 | | | 慣夫 | | | |
| 時迴 | 時邁 | 時進 | 時造 | | | | | | |
| 若鈌 | | | | | | | | | |

| | | | | | | | | | | | |
|---|---|---|---|---|---|---|---|---|---|---|---|
| 右班殿直暨之 | 贈左承議郎壘之 | | | | | | | | | | |
| | 奉議郎公傅 | | | | | | | | 忠訓郎公儙 | | 承節郎公僅 |
| | | 彥桔 | | | 彥霄 | 彥宛 | 彥崇 | 彥寧 | | | |
| | | 游夫 | 琦夫 | | 琛夫 | | | | | | |
| | | | 時昪 | | 時晉 | | | | | | |
| | | | 若靇 | 若茝 | | | | | | | |

| | | | | | | | | | |
|---|---|---|---|---|---|---|---|---|---|
| | | | | | | | | | |
| | | | | | | | | | |
| | | | | | | | | | |
| | | 榮國公叔何 | | | | | | | |
| | 秉義郎里之 | 武德大夫輔之 | | | | | | | |
| 公俓 | | 秉義郎公舉 | 贈武義大夫公亮 | | | | | | 忠訓郎公芾 |
| | | 彥仁 | 彥防 | | 彥方 | 彥雯 | | 彥墉 | |
| | | | 庚夫 | 軫夫 | | 浦夫 | | | |
| | | | | | | 時又 | 時咸 | | |
| | | | | | | | | | |
| | | | | | | | | | |
| | | | | | | | | | |
| | | | | | | | | | |

忠訓郎輯之

贈通議大夫轔之

承節郎公迋

忠翊郎公狂

忠翊郎公直

公符

武翼郎公時

贈太中大夫公晰

彥槃

彭夫

時鍪

若塈

| | | | | | | | | | | | | | | |
|---|---|---|---|---|---|---|---|---|---|---|---|---|---|---|
| | | | | | | | | 武翼郎 | 公暐 | | 武經郎 | 公昳 | | |
| | | | | | 彥允 | | 彥誠 | | 彥聖 | 彥瑲 | | 彥塗 | | |
| 同夫 | | | 巖夫 | 籛夫 | 蓮夫 | | 昞夫 | | | 葱夫 | | 鏞夫 | | |
| 時鑿 | 時鏖 | 時焮 | | | 時璣 | 時玏 | | | | 時宇 | | 時埭 | 時垺 | 時墶 |
| | | | | | 若埩 | | | | | | | | 若濤 | 若涌 |

| | | | | | | | | | | | | | | |
|---|---|---|---|---|---|---|---|---|---|---|---|---|---|---|
| | | | | 彥霦 | | | | | | | | | 彥霶 | |
| | | | | 琛夫 | 鎬夫 | | 鉊夫 | 乘夫 | 鑈夫 | | 能夫 | 仁夫 | 鏘夫 | 銖夫 |
| | | 時墿 | 時塹 | | 時鎦 | 時汗 | | | 時朾 | 時梋 | | | | |
| 若淠 | 若激 | 若湖 | | | | | | | | | | | | |

| | | | | | | | | | | |
|---|---|---|---|---|---|---|---|---|---|---|
| | 忠翊郎輶之 | 武翼大夫軫之 | | | | | | | | |
| | | 保義郎公穆 | | | 保義郎公通 | | | | | 朝散郎公嘏 |
| | | 彥延 | | | 彥黻 | | | | | 彥錡 |
| 鋻夫 | | 于夫 | | 麟夫 | 𠐊夫 | 伍夫 | 備夫 | 儢夫 | 復夫 | 澅夫 |
| | | 時海 | 時濠 | | | 時蝝 | 時蚆 | | 時蝖 | |

| | | | | | | | | | | | | | | |
|---|---|---|---|---|---|---|---|---|---|---|---|---|---|---|
| | | | | | | | | | | | | | | |
| | | | | | | | | | | | | | | |
| | | | | | | | | | | | | | | |
| | | | | | | | | | | | | | | |
| | | | | | | | | | | | | | | |
| | | | | 訓武郎 | 公闢 | | | | | | | | | 公嶲 |
| | | | 彥鎔 | | 彥浮 | | | 彥湴 | | | 彥須 | 彥湧 | | |
| ⿰王青夫 | 瑮夫 | | | | 瞰夫 | ⿰目户夫 | ⿰目非夫 | ⿺走睘夫 | 趫夫 | | | 譯夫 | 謰夫 | |
| | 時偁 | 時僊 | | | | | | 時淹 | 時儷 | 時宝 | | | | |
| | | | | | | | | | | | | | | |
| | | | | | | | | | | | | | | |
| | | | | | | | | | | | | | | |
| | | | | | | | | | | | | | | |

| | | | | | |
|---|---|---|---|---|---|
| | | | | | |
| 宣城侯承雅 | | | | | |
| 永嘉郡王克端 | | | | | |
| 太子右內率府副率叔川 | 太子右內率府副率叔金 | 華陰侯叔婼 | | 建國公叔彪 | |
| | | 三班奉職祥之 | 秉義郎靖之 | 三班借職秀之 | 敦武郎 |
| | | | | | |
| | | | | | |
| | | | | | |
| | | | | | |
| | | | | | |
| | | | | | |

| | | | | | | | | | | | | | | |
|---|---|---|---|---|---|---|---|---|---|---|---|---|---|---|
| 文之 | 秉義郎 | 應之 | | | | | | | | | | | | |
| | | 公忞 | 公嵩 | | | | | | | | | | 公恕 | |
| | | | 彥玉 | 彥銮 | | 彥璜 | | | 彥玥 | 彥鋈 | 彥珧 | 彥璪 | 彥琜 | |
| | | | 濮夫 | 浣夫 | 昂夫 | 汭夫 | 鼇夫 | | | 楮夫 | | | 愕夫 | |
| | | | 時涉 | | 時壤 | | 時稾 | 時橤 | | 時泓 | | | 時棋 | 時憓 |

| | | | | | | | | | | | | | |
|---|---|---|---|---|---|---|---|---|---|---|---|---|---|
| | | | | | | | | 公籌訓武郎 | | | | | 訓武郎 |
| | | | | 彥瑤 | | | | 彥瑁 | 彥瑠 | | 彥璣 | 彥琟 | |
| | | 揖夫 | 悓夫 | 基夫 | 奇夫 | | | 垩夫 | 㙯夫 | 壔夫 | | 堝夫 | |
| 時欗 | 時[illegible] | | | | 時稀 | 時招 | 時櫲 | | | | | | |

| | | | | | | | | | | | | |
|---|---|---|---|---|---|---|---|---|---|---|---|---|
| | | | | | | | | | | | | 公悠 |
| | | | | | | | | | | 彥瑨 | 彥琿 | 彥珩 |
| | 詼夫 | | | 誇夫 | | 諕夫 | | | | 詷夫 | | |
| 時陣 | 時隧 | 時阧 | 時隊 | 時⿰阝申 | 時隨 | 時汝 | 時潔 | 時澄 | 時準 | 時游 | 時潭 | 時濾 |

| | | | | | | | | | | | | |
|---|---|---|---|---|---|---|---|---|---|---|---|---|
| | | | | 武翼郎公志 | | | | 成忠郎公愁 | | | | |
| | 彥琚 | 彥瑽 | 彥璥 | 彥珵 | | 彥瘧 | 彥瑑 | 彥閎 | | | 彥錦 | |
| | | 論夫 | | 欒夫 | 彙夫 | | 檞夫 | 譎夫 | 秳夫 | | 時夫 | 晾夫 |
| 時陝 | | | | | | | | 時謅 | 時畬 | 時峕 | | |

| | | | | | | | | |
|---|---|---|---|---|---|---|---|---|
| | | | | | | | | |
| | | | | | | | | |
| | | | | | | | | 榮國公克用 |
| | | | | | | | | 太子右內率府副率叔騈 |
| | | | | 成忠郎輯之 | 忠訓郎元之 | | 三班奉職直之 | |
| | | | 公慈 | | 公棖 | 公榮 | | |
| 彥掉 | 彥一 | 彥正 | | | | 彥協 | | |
| | | | | | | 澄夫 | | |
| | | | | | | | | |
| | | | | | | | | |
| | | | | | | | | |
| | | | | | | | | |
| | | | | | | | | |

房陵郡公叔濱
武翼郎寶之
公祥
彥通

忠翊郎公朋
彥晨
儞夫
時椯

彥監

右班殿直全之
公明
彥昱

彥昇

保義郎照之

太子右內率府副率叔輔

太子右

| | | | |
|---|---|---|---|
| | | 贈左武衞上將軍克翬 | |
| 內率府副率叔緒 | 太子右內率府副率叔疆 | 太子右內率府副率叔南 | 太子右內率府副率叔飛 |

| | | | | | | | | |
|---|---|---|---|---|---|---|---|---|
| | | | 雲安侯叔到 | 敦武郎仲之 | | | | |
| | | | | 忠翊郎儀之 | | | | |
| | | | | 承節郎傅之 | | | | |
| | | | | 保義郎佾之 | | | | |
| | | | 通義侯叔繹 | 敦武郎仁之 | 公遠 | 彥清 | | |
| | | | | | 成忠郎公遡 | 彥軻 | 誎夫 | 時晰 |
| | | | | | | | | 時暚 |
| | | | | | | | | 時晙 |
| | | | | | | | 讜夫 | 時庸 |

| | | | | | | | |
|---|---|---|---|---|---|---|---|
| | | | | | | | |
| | | | | | | | |
| | | | | | | | |
| 贈右金吾衞大將軍叔瑛 | | | | | | | |
| 承務郎佩之 | | | | | | | |
| 保義郎公逑 | 承節郎公問 | | | | | | |
| 彥翌 | | | | | | | |
| 証夫 | 閔夫 | | | | | | |
| 時暒 | 時嘉 | 時事 | | | | | |
| 若氾 | 若欒 | 若恕 | 若恴 | 若恩 | 若峴 | 若意 | 若晤 |
| 嗣垺 | 嗣墡 | 嗣潑 | 嗣垩 | | | | |
| | | | | | | | |
| | | | | | | | |

右監門衞大將軍康州防禦使

從事郎信之　承信郎代之

承節郎公開

彥翚　彥習

原夫　董夫

時壽　時鈤

若澍　若濼　若湏

| | | | | | | | | | | | | | | |
|---|---|---|---|---|---|---|---|---|---|---|---|---|---|---|
| | | | | | | | | | | | | | | |
| | | | | | | | | | | | | | | |
| | | | | | | | | | | | | | | |
| 叔僖 | | | | | | | | | | | | | | |
| | 三班奉 | 職修之 | 敦武郎 | 傳之 | | 武德郎 | 僘之 | | | | | | | |
| | | | 成忠郎 | 公塢 | | 秉義郎 | 公瑽 | | | | | | | |
| | | | | 彥偙 | 彥涄 | | 彥楠 | | | | 彥杞 | 彥松 | 彥梓 | 彥櫨 |
| | | | | | 暹夫 | | 堭夫 | | | 坡夫 | 偶夫 | | | |
| | | | | | | | 時[illegible] | 時還 | 時邋 | 時遼 | 時遒 | | | |
| | | | | | | | | | | | 若汰 | | | |
| | | | | | | | | | | | | | | |
| | | | | | | | | | | | | | | |
| | | | | | | | | | | | | | | |

| | | | | | | | | | | | |
|---|---|---|---|---|---|---|---|---|---|---|---|
| | | | | | | | | | | | |
| | | | | | | | | | | | |
| | | | | | | | | | | | |
| | | | | | | | | | | | |
| | | | | | | | | | | | |
| | | | | 成忠郎公瑍 | 文林郎公珊 | | 秉義郎公珉 | | | | |
| 彥檏 | 彥樞 | 彥材 | 彥鏞 | | 彥扐 | 彥揞 | 彥鍉 | 彥鏞 | | | |
| | | | | | 泞夫 | | | 澑夫 | 漨夫 | | |
| | | | | | | | | | 時壠 | 時墣 | 時埸 |
| | | | | | | | | | | | |
| | | | | | | | | | | | |
| | | | | | | | | | | | |
| | | | | | | | | | | | |

| | | | | | | | | |
|---|---|---|---|---|---|---|---|---|
| | | | | | | | 贈武義大夫叔佽 | 贈右奉直大夫叔亢 |
| | | | | | | 武翼郎闓之 | 成忠郎閱之　開之 | 贈太中大夫儁之 |
| | | | | | | 武翼郎公証 | | 朝奉郎公崇 |
| | | | | | 彥樸 | | 彥詞 | 彥來 |
| | 淲夫 | | 涒夫 | 湡夫 | | | 汯夫 | |
| 時澾 | 時𦎫 | 時諸 | | | | | | |

| | | | | | | | | | | | | |
|---|---|---|---|---|---|---|---|---|---|---|---|---|
| | | | | | | | | | | | | |
| | | | | | | | | | | | | |
| | | | | | | | | | | | | |
| | | | | | | | 贈太中大夫成之 | | | | | |
| | | | | | | 修職郎公環 | 朝議大夫公瀚 | | | | | |
| 彥曾 | 彥淳 | | | | | | | 彥元 | 彥凱 | 彥坦 | | 彥雝 |
| | 涓夫 | 淶夫 | | 沖夫 | 瀴夫 | | | 彬夫 | 爍夫 | 鋙夫 | 鐃夫 | 崇夫 |
| | | 時沔 | 時淪 | 時瓌 | | | | | | | | 時鉞 |
| | | | | | | | | | | | | 若濳 |

武節郎公禔

彥廙 彥樞 彥郴

制夫 晟夫 詡夫 韡夫 詒夫 爛夫 燎夫 濃夫

時优 時㒩 時俙 時僶

若漻 若漉 若涬

| | | | | | | | | | | | |
|---|---|---|---|---|---|---|---|---|---|---|---|
| | | | | | | | 成忠郎行之 | | | | |
| | | | | 右迪功郎公澈 | 通直郎公津 | | 忠翊郎公平 | | | | |
| | | | 彥棫 | 彥㹨 | 彥棐 | 彥栻 | 彥穟 | 彥亘 | 彥秘 | | |
| 釤夫 | 墰夫 | 鐈夫 | 潢夫 | 俱夫 | | | | | 櫶夫 | 楢夫 | 櫰夫 |
| 時洽 | | | 時墒 | | | | | | | | |

| | | | | | | | | | | | | | |
|---|---|---|---|---|---|---|---|---|---|---|---|---|---|
| | | | | | | | | | | | | | |
| | | | | | | | | | | | | | |
| | | | | | | | | | | | | | |
| | 敦武郎叔紝 | | | | | | | | | | | | |
| | 倜之 | | | | | | | | | | | 偁之 | |
| | 公遠 | 公逸 | | | | | | 公逃 | 公邁 | 公送 | 公適 | | 承節郎公迪 |
| 彥佖 | | 彥厚 | | | | | | | | | 彥雲 | | 彥友 |
| | | 坒夫 | | 永夫 | 密夫 | | | | | | 𧩙夫 | | 約夫 |
| | | 時震 | 時憲 | | 時林 | 時顯 | 時鼎 | | | | 時瑤 | | |

右班殿直叔嚮
武經郎叔尚
武德郎

似之
保之
儔之
忠訓郎

公邈
公遜
公達

彥酌

灴夫
煒夫
欗夫
玸夫

時鉉
時鏐
時退
時𣆶
時坃

| | | | | | | | | | | | | | | |
|---|---|---|---|---|---|---|---|---|---|---|---|---|---|---|
| 叔煊 | | | | | | | 敦武郎 | 叔塼 | | | | 武翼郎 | 叔爗 | |
| 价之 | | 庬之 | | | | | | 望之 | | | | | 傅之 | 宣義郎 |
| 公邁 | 公顯 | 公璘 | 公瑃 | 公璭 | | | | 公良 | | | | | | 從政郎 |
| | | | 彥漈 | 彥湢 | 彥澴 | 彥湕 | | 彥儹 | | | 彥級 | | | |
| | | | | | | | | 塊夫 | 琦夫 | 銄夫 | | | | |
| | | | | | | | | | 時璃 | | | | | |
| | | | | | | | | | 若卑 | | | | | |

| | | |
|---|---|---|
| 傑之 | 公璡保義郎 | |
| | 公班 | |
| | 公瑀 | 彥檟 |
| | 公瑄 | |
| | 公璹 | |
| | 公琇 | |
| | 公璠 | |
| | 公璵 | |
| | 公玢 | |
| | 公瑜 | 彥璥 |
| | | 彥珽 |
| | 公瑾 | |
| | 公珪 | |
| 偰之 | | |

祁國公承裔

贈右領軍衛將軍克平

忠訓郎叔灈　忠翊郎叔滈　高密郡公叔沂

儔之　武節大夫行之　武翼郎載之

公轂　公繪　保義郎公絇

彥摶　彥明　彥賢

驩夫　驊夫　騊夫

| | | | | | | | | | | |
|---|---|---|---|---|---|---|---|---|---|---|
| | | | | | | | 右侍禁申之 | 左班殿直榮之 | 保義郎欽之 | 承節郎挺之 |
| | | | | | 公純 | 公繹 | | | | 公玘 |
| 彥智 | 彥的 | | | | | | | | | |
| | 寀夫 | | 袞夫 | | | | | | | |
| | 時旌 | 時斻 | 時放 | 時旗 | | | | | | |

| | | | | | | | | | | | | | | |
|---|---|---|---|---|---|---|---|---|---|---|---|---|---|---|
| | | 高密郡公克寬 | | | | | | | | | | | | |
| | | 河間侯叔詣 | | | | | | | | | | | | |
| 承信郎換之 | | 右侍禁道之 | | 武經郎將之 | | | | | | | | | | |
| | | | | | 公進 | | | | | | | 公合 | | |
| | | | | | 彥溱 | 彥淳 | | 彥溟 | | | | 彥浚 | 彥湑 | |
| | | | | | 信夫 | 倯夫 | 儈夫 | 佟夫 | 俆夫 | 佋夫 | 俾夫 | | 俸夫 | 偪夫 |

| | | | | | | | | | | | | | | |
|---|---|---|---|---|---|---|---|---|---|---|---|---|---|---|
| | | | | | | | | | | | | | | |
| | | | | | | | | | | | | | | |
| | | | | | | | | | | | | | | |
| | | | | | | | | | | | | | | |
| | | | | | | | | | | | | | | |
| | | | | 公企 | | | | | | | | | | |
| | | 彥洮 | | 彥漳 | | | | | | | | 彥汶 | | |
| 倭夫 | 倖夫 | 俟夫 | 傁夫 | 倩夫 | | | | | | 㑥夫 | 儺夫 | 傲夫 | 仿夫 | 儲夫 |
| | | | | 時揔 | | 時捍 | 時掖 | 時括 | | | | 時掀 | | |
| | | | | 若雷 | 若霏 | 若[illegible] | | 若霨 | 若需 | | | 若霰 | | |
| | | | | | | | | | | | | | | |
| | | | | | | | | | | | | | | |
| | | | | | | | | | | | | | | |

| | | | | | | | | | | | | |
|---|---|---|---|---|---|---|---|---|---|---|---|---|
| | | | 保義郎遂之 | | | | | | | | | |
| | | | 承節郎公定 | | | | | | 忠翊郎公寅 | | | |
| 彥滌 | 彥湎 | | 彥仁 | 彥俊 | 彥間 | | | 彥伺 | 彥傑 | 彥忤 | | |
| 儆夫 | 僖夫 | 仜夫 | | | 逮夫 | | 迎夫 | | | 甲夫 | | 辰夫 |
| | | | | | 時堈 | 時增 | | | | 時懋 | 時飛 | 時應 |

| | | | | | | | |
|---|---|---|---|---|---|---|---|
| | | | | 信之 | 秉義郎烜之 | 保義郎安之 | 保義郎煥之 |
| | | | | | | 公恊 | 公聦、公成 |
| 清夫 | 淇夫 | 溫夫 | 慶夫 | | | | |
| 時憲 | 時中 | | | | | | |

| | |
|---|---|
| | |
| | |
| | 華陰侯克友 |
| | 太子右內率府副率叔貍 彭城侯叔婺 |
| | 承節郎挺之 秉義郎崇之 左班殿直祐之 武經郎守之 |
| | 右通直郎公亶 武經郎公育 |
| | 彥伾 |
| | 洌夫 得夫 |
| | |
| | |
| | |
| | |
| | |

| | | | | | | | | | | |
|---|---|---|---|---|---|---|---|---|---|---|
| | | | | | | | | 贈中奉大夫倘之 | | |
| | | | | | | | | 贈朝奉大夫公廊 | | 贈朝奉大夫公廣 |
| | | | 彥偈 | | 彥儆 | 彥侘 | 彥仗 | 彥復 | 彥仲 | 彥儒 |
| 潯夫 | 云夫 | 階夫 | 澶夫 | 瀧夫 | | | | | | |

| | | | | | | | | | | | | |
|---|---|---|---|---|---|---|---|---|---|---|---|---|
| | | | 忠訓郎正之 | | | | | 左朝奉郎舉之 | | | | |
| | | 公立 | 公祚 | 公禧 | | | | 保義郎公亨 | | | | |
| 彥倓 | | | | 彥喩 | 彥嚋 | 彥[口唐] | 彥嘇 | 彥衛 | | | 彥衕 | |
| 宏夫 | 寬夫 | | | | | | | 蔚夫 | 涀夫 | 省夫 | 迿夫 | 遏夫 |

| | | | | | | | | | | | | |
|---|---|---|---|---|---|---|---|---|---|---|---|---|
| | | | | | | | | | | | | |
| | | | | | | | | | | | | |
| | | | | | | | | | | | | |
| | | | | | | | | | | | | |
| | | 行之 | 秉義郎損之 | | | 立之 | 直之 | | | | | |
| 公亮 | 公卞 | | 保義郎公獻 | | 公粲 | | | 忠訓郎公圭 | | | | |
| | | | 彥錫 | 彥傑 | 彥傳 | | | 彥赳 | | | | |
| | | | 闓夫 | | 正夫 | | | 侹夫 | | | 傑夫 | |
| | | | | | | | | 時永 | 時鐺 | 時發 | 時輔 | 時弼 |
| | | | | | | | | | | | | |
| | | | | | | | | | | | | |
| | | | | | | | | | | | | |
| | | | | | | | | | | | | |

| | | | | | | | |
|---|---|---|---|---|---|---|---|
| | | 贈右武衛大將軍克任 | 博平侯叔奎 | | | | |
| | | 榮國公克勇 | 華原侯叔歬 | 贈武節郎成之 | 承信郎公佾 | 彥廬 | 登夫 |
| | | | | | | | 仁夫 |
| | | | | | | 彥應 | 咰夫 |
| | | | | | 訓武郎公僳 | 彥襄 | |
| | | | | | | 彥放 | |
| | | | | 忠翊郎由之 | 承信郎公信 | 彥愈 | |
| | | | | | | 彥忠 | |
| | | | | 贈朝議大夫盈 | 贈朝散大夫公 | | |

| | | | | | | | | | | | | | |
|---|---|---|---|---|---|---|---|---|---|---|---|---|---|
| 之 | | | | | | | | | | | | | |
| 傳 | | | | | | | | | | 武德郎公伊 | | | |
| 彥恲 | | | | 彥慘 | | 彥憕 | 彥惔 | 彥恢 | | 彥惺 | 彥悑 | | 彥怟 |
| 銑夫 | 鏳夫 | 鎦夫 | 鏒夫 | 眞夫 | 清夫 | | | 震夫 | 同夫 | | 達夫 | 銓夫 | |

| | | | | | | | | | | | | | | |
|---|---|---|---|---|---|---|---|---|---|---|---|---|---|---|
| | | | | | 贈左朝散大夫 | | 叔僎 | | | | | | | |
| | | | 修武郎 | 翊之 | 武翊郎 | 寶之 | | | | | | 宣教郎 | 畢之 | 從義郎 |
| | 武經郎 | 公佚 | | | | | 公涪 | 承信郎 | 公激 | | | | | |
| 彥慷 | | 彥慓 | | | | | | | 彥茨 | | 彥炳 | | | |
| 立夫 | | | | | | | | | 彝夫 | 孳夫 | 百夫 | | | |

信都郡公克研

東頭供奉官叔佮　右侍禁叔珅

俟之

公傅

彥昌　彥發　彥昪　彥暉

禬夫　祜夫　祥夫　福夫　祺夫　禋夫　禔夫

時泰　時恭

| | | | |
|---|---|---|---|
| 東陽侯承鑒 | 濟南侯克悚 | 汝南侯叔蚡 | 三班借職進之 |
| | | | 三班借職通之 |
| | | | 三班借職賢之 |
| | | | 賓之 |
| | | | 贊之 |
| | | 德國公叔盾 | 三班借職先之 |
| | | | 武翼郎資之 |
| | | | 左班殿直貫之 |
| | | | 武翼郎 |

| | | | |
|---|---|---|---|
| 賁之 | | | |
| 武經郎貢之 | 修武郎公任 | | |
| 贈武翼大夫賁之 | 秉義郎公僣 | 彥璆 | |
| | 從義郎公幹 | 彥封 | 恭夫 |
| | | | 革夫 |
| 忠翊郎賞之 | | | |
| 成忠郎贊之 | | | |
| 忠翊郎貸之 | | | |

| | | |
|---|---|---|
| 右班殿直克之 | 禮賓副使 | 承戩 |

# 宋史卷二百四十

## 表第三十一

## 宗室世系二十六

### 鄖國公房

| | | | |
|---|---|---|---|
| 建安郡王承裕 | 莘國公克諶 | 富水侯叔策 | 太子右內率府副率捿之 |
| | | 益川侯叔末 | 敦武郎唐之 |

| | | | | | |
|---|---|---|---|---|---|
| | | | | | |
| | | | | | |
| | | | | | |
| 武翼郎叔詠 | 修武郎叔旎 | | | | |
| 右侍禁協之 | 成忠郎宥之 | 秉義郎有之 | 保義郎坦之 | 植之 | 贈朝奉郎鑄之 |
| 承節郎公邈 | | | | | |
| 彥桂 | 彥槫 | | | | |
| 浩夫 | 浹夫 | 泠夫 | 沆夫 | 濰夫 | |
| | | | | | |
| | | | | | |
| | | | | | |
| | | | | | |

| | | | | | | | | | | |
|---|---|---|---|---|---|---|---|---|---|---|
| | 承節郎公達 | | 從義郎公進 | | | 朝請大夫公遷 | | | | 承信郎公遠 |
| | 彥椿 | 彥松 | 彥樞 | 彥杉 | 彥機 | 彥宲 | 彥棸 | 彥棠 | 彥萊 | |
| ⿰氵不夫 | | | | | | 唯夫 | | | | |

| | | | |
|---|---|---|---|
| | 武經郎公迡 | 彥柴 | |
| | 承節郎公遟 | 彥樗 | 熠夫 |
| | | | 炯夫 |
| | | 彥宲 | |
| | 公遐 | 彥椅 | |
| | | 彥檠 | |
| | 宣教郎公逕 | 彥橦 | |
| 疇之 | 保義郎公遷 | | |
| 濤之 | 公邈 | | |
| | 承節郎公迨 | 彥柷 | |

| | | |
|---|---|---|
| | | 彥椐 |
| | | 彥楀 |
| | | 彥楒 |
| | 成忠郎公迻 | 彥桀 |
| | 承節郎公迦 | 彥槢 |
| | | 彥樓 |
| | | 彥橒 |
| | 承信郎公逨 | 彥榆 |
| | | 彥祀 |
| 醻之 | 公迥 | |
| | 公迢 | |
| 璹之 | | |

| | | | | | | |
|---|---|---|---|---|---|---|
| | | 房國公克敢 | 敦武郎叔驤 | 保義郎暉之 | 公望 | 彥仁 |
| | | | | 秉節郎勳之 | | |
| | | | 武經郎叔郜 | 承節郎燾之 | 公輅 | |
| | | | | 熙之 | 公輗 | |
| | | | 右班殿直叔憹 | | | |
| | | | 左侍禁叔儆 | | | |
| | | | 叔革 | | | |
| | | | 右侍禁叔机 | | | |
| | | | 秉節郎 | 忠翊郎 | | |

| | | | | | | | | | | | | | | |
|---|---|---|---|---|---|---|---|---|---|---|---|---|---|---|
| 叔藪 | | | | | | | | | | | | | | 左班殿 |
| 禨之 | | | | | | | 朝奉郎迪功郎 | 祜之 | | | | | | |
| 公頎 | 公顥 | 公錫 | 公鏘 | 公鉌 | 公鉦 | 公鉞 | | 公劉 | | | | 公鑾 | 公鎜 | |
| | | 彥玿 | | | | | | 彥濤 | 彥窐 | 彥家 | 彥宓 | | | |

| | | | | | | | | | |
|---|---|---|---|---|---|---|---|---|---|
| | | | | | | | | | |
| | | | | | | | | | |
| | | 崇國公克嶷 | | | | | | | |
| 直叔衵 | 秉義郎叔革〔二〕 | 武翼郎叔邕 | | | | | | 武翼郎叔佟 | 武翼郎叔惁 |
| | | 修武郎釗之 | | | 成忠郎甡之 | | | | |
| | | 秉節郎公琡 | 公容 | 公謍 | 公琦 | 公瓚 | 公珪 | | |

| | | | | | | | | | | |
|---|---|---|---|---|---|---|---|---|---|---|
| 武翼郎叔服 | 武經郎叔括 | | | | | | | 右班殿直叔甽 | 從義郎叔鈐 | |
| | 敦武郎穡之 | | | | | | | 諲之 | 武節郎禥之 | |
| | 公璩 | | 公瑜 | | 公琳 | 公珪 | 公如 | | 秉義郎公夏 | 公亜 |
| | 彥憯 | 彥奐 | 彥侶 | | | | | | | |
| | | | 日夫 | 欲夫 | | | | | | |

| | | | |
|---|---|---|---|
| 武節郎叔怲 | 保義郎譓之 | 修職郎公恍 | 彥頤 |
| | | | 彥頔 |
| | | | 彥項 |
| 從義郎叔怊 | | | |
| 修武郎叔蘉 | 承信郎侁之 | 公圭 | 彥訹 |
| | | 公炎 | 彥譼 |
| | 成忠郎邦之 | 承節郎公樞 | 彥溉 |
| | | | 彥澳 |
| | | | 彥湄 |
| | | 公昌 | |
| | 保義郎 | 文林郎 | |

| | | | | | | | | | |
|---|---|---|---|---|---|---|---|---|---|
| | | | | | | | | | |
| | | | | | | | | | |
| | | | | | | | | | |
| | 左侍禁叔驗 | 忠翊郎叔垓 | | 忠訓郎叔良 | 忠訓郎叔倓 | 成忠郎叔乱 | 成忠郎叔岐 | | |
| 傑之 | | 保義郎詷之 | | | | | | | |
| 公珏 | | 公珹 | 公璇 | | | | | | |
| 彥重 | 彥刊 | | | | | | | | |

| | | | | |
|---|---|---|---|---|
| | | 閬中郡公承翊〔二〕 | | |
| | | 馮翊侯克淳 | 河內侯克貴 | 南康侯克勤〔三〕 |
| 成忠郎叔秀 | 成忠郎叔捷 | 馮翊侯叔鉁 | | 右監門衛大將軍、達州團練使叔琪 |
| | | 保義郎闢之 | | 成忠郎猷之 |
| | | 公明 | | |
| | | 彥石 | | |

| | | | | | | | | | |
|---|---|---|---|---|---|---|---|---|---|
| | | | | | | | | | |
| | | | | | | | | | |
| | | | | | | | | | |
| | 武翼郎叔侶 | 東頭供奉官叔汭 | | | | | | | |
| 成忠郎進之 | 承節郎標之 | 從事郎貫之 | | | | | | | 從政郎資之 |
| | | 承信郎公瑤 | | | | | | | 公弼 |
| | | 彥釗 | 彥錠 | | | 彥迁 | | 彥陶 | 彥政 |
| | | | 澩夫 | 潾夫 | 演夫 | 詠夫 | 譿夫 | 憙夫 | 愿夫 |
| | | | | | | | | | |
| | | | | | | | | | |
| | | | | | | | | | |
| | | | | | | | | | |
| | | | | | | | | | |

| | | | | | | | | | | | | | | |
|---|---|---|---|---|---|---|---|---|---|---|---|---|---|---|
| | 贈右金 | 紫光祿 | 大夫叔 | 庠 | | | | | | | | | | |
| | | | 朝奉郎 | 進之 | 左朝請 | 大夫迪 | 之 | | | | | | 遜之 | 贈正議 |
| | | | | 公慶 | | 右迪功 | 郎公源 | | | | | 公深 | | |
| | | | | | | | 彥標 | | | 彥桴 | | | | |
| 浩夫 | | | | | | | 徹夫 | 洽夫 | 邃夫 | 嘗夫 | 悳夫 | | | |

| | | | |
|---|---|---|---|
| 大夫達之 | 從義郎公侹 | 彥詿 | |
| | 太平縣開國男公佪 | 彥誠 | 滑夫 |
| | | | 淮夫 |
| | | | 沅夫 |
| | | 彥語 | 溢夫 |
| | | | 潓夫 |
| | | 彥謏 | 浹夫 |
| | | 彥竦 | |
| | 承直郎公伾 | | |
| | 文林郎公偭 | 彥諭 | 濾夫 |

| | | | | | | | | | | | | |
|---|---|---|---|---|---|---|---|---|---|---|---|---|
| | | | | 修武郎逸之 | | | | | | 贈奉議郎運之 | | |
| | | | | 從政郎公[illegible] | | | | | 公檜 | 朝請大夫公若 | | |
| | | 彥諟 | 彥誌 | 彥琜 | | | | | | 彥[illegible] | | 彥雟 |
| 潢夫 | 湄夫 | | | 麒夫 | 鳳夫 | 安夫 | 與夫 | 旺夫 | | 寓夫 | 寧夫 | |

| | | | | | | | | | |
|---|---|---|---|---|---|---|---|---|---|
| | | | | | | | 武翼郎叔仕 | 武經郎叔韓 | 武德郎叔蘧 |
| | | | | | | | | | 承信郎守之 |
| | 忠訓郎公箕 | | | 武翼郎公莒 | | | | | 公茂 |
| 彥窒 | 彥渶 | 彥澧 | 彥浟 | 彥寀 | | 彥榘 | | | 彥舜 |
| | 和夫 | | | 烓夫 | 焴夫 | | | | 蓺夫 |

清源侯
克猛

右班殿直叔玶
武經郎叔薖

承節郎存之
秉之
夾之
從事郎潁之

公明
公瑭
公壽

彥鐏
彥聖
彥仕
彥傌
彥偪
彥佪
彥促
彥傯

| | | | | |
|---|---|---|---|---|
| 武翼大夫叔旼 | 粹之 | | | |
| | 成忠郎憲之 | | | |
| | 忠翊郎懿之 | | | |
| | 敦武郎惺之 | 承信郎公珇 | | |
| | | 公瑎 | 彥繪 | 杖夫 |
| | | 承信郎公玏 | 彥淮 | |
| | | | 彥濟 | |
| | | 公琭 | | |
| | 忠翊郎恕之 | | | |
| | 忞之 | | | |

| | | | | |
|---|---|---|---|---|
| | | | | |
| | | | | |
| 房陵郡公克勁 | | | | |
| 洋國公叔夷 | | | 武經郎叔粺 | 左班殿直叔璠 |
| 贈朝請大夫漸之 | 經之 | 敦武郎繡之 | 綽之 | |
| 武翼郎公一 | 從政郎公築 | 承議郎公庛 | | |
| 彥濤 | | | | |
| 江夫 | 羽夫 | | | |
| 時翦 | 時鴈 | 時粲 | | |
| 若梓 | 若淦 | | | |
| | | | | |
| | | | | |

| | | | | | | | | | | | | | | |
|---|---|---|---|---|---|---|---|---|---|---|---|---|---|---|
| | | | | 宣教郎 | 直之 | 奉議郎 | 開之 | 儒林郎 | 約之 | 武翼郎 | 敎之 | | | 詳之 |
| | | | | | | | | | 公永 | 承節郎 | 公潁 | 公準 | 公瞯 | |
| 彥霈 | 彥晉 | 彥晉 | 彥仁 | | | | | | | | | | | |
| 鑿夫 | | 遏夫 | 鍺夫 | | | | | | | | | | | |
| 時覺 | | 時潩 | | | | | | | | | | | | |

| | | | | | | | | | | | | | | |
|---|---|---|---|---|---|---|---|---|---|---|---|---|---|---|
| | | | | | | | | | | | | | | |
| | | | | | | | | | | | | | | |
| | | | | | | | | | | | | | | |
| | | | | | | | | 東頭供 | 奉官叔 | 僼 | | | | |
| 敦武郎 | 寧之 | | | | | | | | 秉義郎 | 仝之 | | | | |
| 武經郎 | 公暭 | 公立 | 公明 | | 公遠 | 公棗 | 公敀 | | | 公諒 | | | | |
| | | | 彥中 | 彥乂 | | | | | | 彥昊 | | | | |
| | | | | | | | | | | 岑夫 | 藺夫 | 梓夫 | 麗夫 | |
| | | | | | | | | | | | | | 時恭 | 時憲 |

| | | | | | | | |
|---|---|---|---|---|---|---|---|
| | | | | | | | 榱夫 |
| | | | | | | | 詵夫 |
| | | | | | | | 栻夫 |
| | | | | | 奉議郎 | | |
| | | | | | 公丑 | 彥戚 | |
| | | | | | | 彥躬 | 鵬夫 |
| | | | | | | | 鴻夫 |
| | | | | | | | 鳴夫 |
| | | | | | | | 鸞夫 |
| | | | | | | | 鶼夫 |
| | | | | | 公壽 | 彥鼎 | 義夫 |
| | | | | | | 彥昰 | 南夫 |
| | | | | | 訓武郎 | | |
| | | | | | 公祉 | | |
| | | | | | 保義郎 | | |

| | | | | | | | | | | | | | | |
|---|---|---|---|---|---|---|---|---|---|---|---|---|---|---|
| | | | | | | | | | | | | | | |
| | | | | | | | | | | | | | | |
| | | | | | | | | | | | | | | |
| | | | | | | | | | | | | 武翼郎 | 叔启 | |
| | | | | | | | | | | 承節郎 | 匱之 | 從事郎 | 闡之 | 忠翊郎 |
| 公望 | | | | | | | | | | | | | | |
| 彥成 | | | | 彥邇 | 彥宏 | 彥益 | 彥驛 | 彥昺 | 彥杲 | | | | | |
| 廣夫 | 慶夫 | 庠夫 | 廉夫 | 慧夫 | | | | | | | | | | |
| | | | | | | | | | | | | | | |
| | | | | | | | | | | | | | | |
| | | | | | | | | | | | | | | |
| | | | | | | | | | | | | | | |
| | | | | | | | | | | | | | | |

敦武郎叔戾　從義郎叔冒

閾之　秉之　憁之

公璠　公璪　公璉　承信郎公玖

彥範　彥籥　彥篤　彥筒　彥笙　彥嶽　彥遨　彥過

隶夫　㬎夫

贈右朝請大夫叔莨

墊之　承節郎郁之　敏之　朝奉郎邠之　承議郎析之

公壽　公瑀　公彏　公曄　武經郎公昞

彥拜　彥屾　彥[illegible]　彥秝

塇夫　埈夫

| | | | | |
|---|---|---|---|---|
| | | | 彥从 | |
| | 敦武郎鄰之 | 成忠郎公曉 | 彥畀 | |
| | | | 彥眀 | |
| | 修武郎邵之 | 公綬 | 彥昭 | 端夫 |
| | | 忠翊郎公晛 | | |
| | | 承務郎公喚 | | |
| 忠訓郎叔郔 | | | | |

## 江國公房

忠正軍節度使、江國公德欽

樂安侯承遵

右金吾衛大將軍、光州團練使克虔

太子右內率府副率叔湛

房國公叔武

嘉州觀察使諷之

修武郎公璟

彥雍

馮翊侯　爵之　河內侯　和之　右班殿直巽之　贈東頭

三班奉職公謹　三班奉職公佐　公卓　公儀　公奭　公徹　公衍

彥高　彥文

廉夫　衜夫

時舜

若與

| | | | | | | | | | | | | | | |
|---|---|---|---|---|---|---|---|---|---|---|---|---|---|---|
| 供奉官 | 震之 | 左侍禁 | 永之 | | | | | | | | | | | 武節郎 |
| | 公伭 | 忠翊郎 | 公綽 | | | | 忠翊郎 | 公紘 | | 承信郎 | 公綬 | 公諫 | | |
| | | | 彥億 | 彥仔 | | 彥佃 | | 彥浚 | 彥鳴 | | | 彥輔 | 彥弼 | |
| | | | | 瑲夫 | 正夫 | 鐇夫 | | | 璣夫 | | | | | |
| | | | | 時阯 | | | | | | | | | | |

武功郎叔濛

豫之　右班殿直緦之　右班殿直進之　忠訓郎忆之

公保　公儀　忠翊郎公俊

彥澁

堯夫　契夫　顯夫　端夫　系夫　絇夫

| | | | | | | | | | | | | | | |
|---|---|---|---|---|---|---|---|---|---|---|---|---|---|---|
| | | | | | | | 南康侯 | 克臧 | | | | | | |
| | | | | | 左班殿 | 直叔逌 | 高密侯 | 叔泰 | | | | | | |
| 成忠郎 | 忯之 | 成忠郎 | 忻之 | | | | 建安侯 | 忖之 | | | | | | |
| | 公達 | 承信郎 | 公諜 | 公詠 | | | 忠訓郎 | 公理 | | | | | | |
| | | | | | | | | 彥悾 | | | | | | |
| | | | | | | | | 正夫 | 端夫 | | 靖夫 | 竑夫 | | |
| | | | | | | | | | 時麟 | 時昌 | | 時大 | | |
| | | | | | | | | | 若掘 | | | 若悤 | 若納 | 若采 |

| | | | | | | | | | | | | | | |
|---|---|---|---|---|---|---|---|---|---|---|---|---|---|---|
| | | | 成忠郎 | 公璋 | | | 成忠郎 | 公玑 | 忠翊郎 | 公璉 | | 忠翊郎 | 公玶 | 忠翊郎 |
| | | | | 彥平 | | 彥芾 | | | | 彥儀 | 彥俟 | | | |
| | | | | 宇夫 | | 進夫 | | | | | | | | |
| 時然 | 時仰 | 時訓 | | 時乂 | 時舉 | | | | | | | | | |

| | | | | | | | | | | | | |
|---|---|---|---|---|---|---|---|---|---|---|---|---|
| | | | | | | | | | | | | |
| | | | | | | | | | | | | |
| | | | | | | | | | | | | |
| | | | | | | | | | | | | |
| | | | | 開國公生之 | | | | | | | | 左班殿直通之 |
| 公琫 | | | | 秉義郎公綱 | | | | 公度 | | | | 公佐 |
| 彥彬 | 彥松 | 彥林 | 彥栩 | 彥庯 | 彥鼎 | | | 彥文 | 彥牟 | 彥丘 | 彥永 | 彥顏 |
| 福夫 | | | | 恒夫 | 道夫 | 達夫 | 通夫 | | | | | |
| | | | | | | | 時可 | | | | | |

| | | | | |
|---|---|---|---|---|
| 東頭供奉官康之 | 承節郎公石 | | | |
| | 忠訓郎公悅 | 彥藹 | 果夫 | |
| | | 彥蓬 | 搠夫 | 時禹 |
| | | | 擈夫 | |
| | | 彥過 | | |
| | 保義郎公進 | 彥道 | | |
| | | 彥通 | | |
| 右侍禁度之 | 右文林郎公輔 | 彥權 | 茂夫 | 時偕 |
| | | | 謙夫 | |
| | | | 葆夫 | 時伯 |

| | | | | | | | | | | | | | | |
|---|---|---|---|---|---|---|---|---|---|---|---|---|---|---|
| | | | | | | | | | | | | | | |
| | | | | | | | | | | | | | | |
| | | | | | | | | | | | | | | |
| | | | | | | | | | | | | | | |
| | | | | | | | | | | | | | | 東平公 |
| | | | | | | | | | | | | | | 北海侯 |
| | | | | | 從事郎公至 | | | | | | | | | 訓武郎 |
| | 彥袂 | | | | | 彥林 | | | | | | | 彥材 | |
| | 寧夫 | | | | 珦夫 | 埴夫 | 泫夫 | | 壎夫 | | | | | |
| 時俟 | 時萊 | 時蒖 | 時藝 | 時藩 | | | 時瑢 | 時璋 | 時儀 | 時興 | 時遜 | 時沂 | | |
| | | | | | | | | | | | | | | |
| | | | | | | | | | | | | | | |
| | | | | | | | | | | | | | | |
| | | | | | | | | | | | | | | |

| | | | | | | | | | | | | |
|---|---|---|---|---|---|---|---|---|---|---|---|---|
| | | | | | | | | | | | | |
| | | | | | | | | | | | | |
| | | | | | | | | | | | | |
| 叔陳 | | | | | | | | | | | | |
| 台之 | | | | | | | | | | | | |
| 公綬 | | | | | 忠翊郎公繹 | 訓武郎公綽 | | | | | | |
| 彥昭 | | | | | | 彥俊 | 彥攸 | | | | | 彥仁 |
| 端夫 | | 正夫 | 能夫 | 謙夫 | | | 器夫 | 舒夫 | 簡夫 | 勵夫 | 直夫 | 亨夫 |
| 時動 | 時迁 | 時亨 | | | | | | 時享 | | | | 時發 |
| 若川 | | | | | | | | | | | | |

西頭供奉官獻之
武翼郎求之

保義郎公遠
從事郎公達
從事郎

彥信

潛夫
達夫
通夫
顯夫
壽夫

時誠
時舉
時功

| | | | | | | | | | | | | | |
|---|---|---|---|---|---|---|---|---|---|---|---|---|---|
| 公遠 | 公道 | 武翼郎公逊 | | | | | | | | | | | |
| | | 彥澤 | 彥滂 | | | | | 彥藻 | | | | | |
| | | | 憼夫 | | | | 璜夫 | 倆夫 | 挹夫 | 括夫 | | | 竦夫 |
| | | | 時康 | 時賡 | 時庸 | 時度 | | 時恭 | 時慈 | 時劉 | 時悠 | 時憲 | |
| | | | | 若珪 | | | | | | | | | |

| | | | | | | | | | | | |
|---|---|---|---|---|---|---|---|---|---|---|---|
| | | | | | 贈武略郎維之 | | | | | | |
| | | | | | 承節郎公年 | | | | | 贈太中大夫公壽 | |
| | | | 彥澂 | | 彥修 | 彥脩 | | | | 彥侁 | |
| 僐夫 | 撤夫 | 撢夫 | 徯夫 | 悊夫 | | 堯夫 | 舜夫 | 湯夫 | 文夫 | 勤夫 | 朴夫 |
| | | | | | | 時顯 | | | | | 時遈 |

| | | | | | | | | | | | | | | |
|---|---|---|---|---|---|---|---|---|---|---|---|---|---|---|
| | 彥僊 | | | | | | | | | | | 彥驌 | | |
| 弼夫 | 璵夫 | | | 瑅夫 | | 琡夫 | 琢夫 | 珌夫 | 璁夫 | | 珉夫 | | 牧夫 | 政夫 |
| | 時樞 | 時杞 | 時柟 | 時榕 | 時杲 | 時櫨 | 時楷 | | 時宲 | 時窠 | 時彬 | 時楸 | | |

| | | | | | |
|---|---|---|---|---|---|
| | | | | 馮翊侯叔軼 | 華陰侯捨之 | 公燓 |
| | | | | | | 公槐 |
| | | | | | | 公權 |
| | | | | | | 公綽 |
| | | | | | 贈左領軍衛將軍稱之 | |
| | | | | | 西頭供奉官則之 | 公直 |
| | | 克觀 | | 舒國公叔海 | 合州刺史敝之 | 左侍禁公應 |
| | | | | | 西頭供 | |

奉官益之

秉義郎從之

贈武德郎寧之

秉義郎公粲

公榮

右從事郎公暉

深義郎公曄〔四〕

彥邃

誠夫

訓夫

謙夫

時若

承信郎公明

彥良

| | | | | | | | | | | |
|---|---|---|---|---|---|---|---|---|---|---|
| | | | | | | 丹陽侯叔前 | | | | |
| | | | | | | 左侍禁孝之 | | | | |
| 保義郎公旺 | | 訓義郎公月 | | | 公奭 | 承節郎公愈 | 承節郎公愿 | | | 贈朝奉 |
| 彥綜 | | 彥棘 | | | | | 彥景 | 彥榮 | 彥烝 | |
| 淡夫 | 滈夫 | 代夫 | 偁夫 | 倌夫 | | | | | | |
| | | 時賢 | | 時堅 | | | | | | |

| | | | | | | | | | | | | |
|---|---|---|---|---|---|---|---|---|---|---|---|---|
| | | | | | | | | | | | | |
| | | | | | | | | | | | | |
| | | | | | | | | | | | | |
| | | | | | | | | | | | | |
| | | | | | | 秉節郎成之 | | | | | | |
| 郎公懿 | | | | | | 忠翊郎公才 | | | | | | 成忠郎公顯 |
| 彥鼎 | 彥鼐 | | | | | 彥溫 | 彥良 | 彥遜 | 彥儉 | 彥恭 | | 彥寬 |
| 賢夫 | 謜夫 | | 允夫 | 亮夫 | 亢夫 | | | | 連夫 | 侍夫 | 側夫 | 迣夫 |
| 時轟 | 時萬 | 時耕 | | | | | | | | | | |
| | | | | | | | | | | | | |
| | | | | | | | | | | | | |
| | | | | | | | | | | | | |
| | | | | | | | | | | | | |

左侍禁僅之
西頭供奉官萬之
忠翊郎禮之

忠翊郎公華
忠訓郎公榮

彥宷
彥強
彥霸
彥康

義夫
遡夫
遠夫
違夫
貴夫
覽夫

| | | | |
|---|---|---|---|
| 敦武郎匱之 | | | |
| 忠訓郎佑之 | 公默 | 彥侑 | 祕夫 |
| | | | 祻夫 |
| | 承信郎公老 | 彥家 | 遺夫 |
| | | | 範夫 |
| | | | 秉夫 |
| | | 彥宧 | |
| | | 彥富 | |
| 成忠郎尙之 | | | |
| 保義郎漢之 | | | |

| | | | | | | | | | | | | | | |
|---|---|---|---|---|---|---|---|---|---|---|---|---|---|---|
| | | | | | | | | | | | | | | |
| | | | | | | | | | | | | | | |
| | | | | | | | | | | | | | | |
| | | | | 襄陽侯 | 叔鱗 | | | | | | | | | |
| 秉義郎 | 銳之 | | 深之 | 左班殿 | 直褒之 | 三班奉 | 職昌之 | 修武郎 | 包之 | 成忠郎 | 倩之 | | | |
| | 公立 | 公彥 | | | | | | | | 忠翊郎 | 公劼 | | | 承信郎 |
| | | | | | | | | | | | 彥普 | 彥昇 | 彥時 | |
| | | | | | | | | | | | 盆夫 | | | |

| | | | | | | | | | | | | | | |
|---|---|---|---|---|---|---|---|---|---|---|---|---|---|---|
| | | | | | | | | | | | 成忠郎 | 進之 | | |
| 公勱 | | | | 承信郎 | 公諒 | 成忠郎 | 公勇 | 從義郎 | 公勸 | 公勤 | | 公廱 | | |
| 彥曠 | | | 彥昭 | | | | | | | | | 彥定 | | 彥安 |
| 廉夫 | 文夫 | 正夫 | | | | | | | | | | 俊夫 | 信夫 | 侁夫 |

敦武郎叔⿰車矦

宜之
格之
价之
道之
謂之

公巳
公招
公桑
公量

彥寶
彥寔

僎夫
儐夫
儒夫
倞夫
伸夫

右清道率府率｜克堪　右監門率府率｜克岐　高陽侯｜克偃

太子右內率府副率｜叔同　太子右內率府

｜公摯｜公明｜公暉

| | | | | | | | |
|---|---|---|---|---|---|---|---|
| | | | 副率叔誕 | | | | |
| | | | 北海郡公叔皺 | 右侍禁靜之 | | | |
| | | | | 三班奉職琤之 | | | |
| | | | 雲安侯叔豹 | 三班奉職德之 | | | |
| | | | | 內殿承制銳之 | 從義郎公福 | 彥仁 | 陽夫 |
| | | | | | | 彥倆 | 邲夫 |
| | | | | | | | 隆夫 |
| | | | | | | | 龔夫 |
| | | | | | | | 陶夫 |

| | | | | | | | | | |
|---|---|---|---|---|---|---|---|---|---|
| 博陵侯 | 叔譽 | | | | | | | | |
| 三班借職及之 | | 忠訓郎補之 | | | | | | | |
| | | 公他 | 公修 | | | | | | |
| | | | | 彥密 | | | | | |
| 陳夫 | 阡夫 | 雋夫 | 隨夫 | 陖夫 | 陜夫 | 隩夫 | 陵夫 | 阮夫 | 陘夫 |

| | | | | | | | | | | |
|---|---|---|---|---|---|---|---|---|---|---|
| 修武郎象之 | | | | | | 武節郎辨之 | | | | 西頭供奉官藹之 |
| 忠翊郎公迪 | | | | | | 承節郎公修 | | 公攸 | 公佃 | |
| 彥偕 | | | 彥佳 | 彥佚 | 彥信 | 彥純 | | | | |
| 廉夫 | 義夫 | 晦夫 | | | | 啓夫 | 方夫 | | | |
| | | | | | | 時寶 | 時琥 | | | |

| | | | | | |
|---|---|---|---|---|---|
| | | | | | |
| | | | | | |
| | | | | | |
| 和國公叔玩 | | | | | |
| 西頭供奉官磊之 | 忠翊郎謙之 | 忠翊郎槩之 | 三班奉職覺之 | 贈武經大夫藐之 | |
| | | | | 朝請大夫公碩 | 從義郎公福 | 武經郎 |
| | | | | | |
| | | | | | |
| | | | | | |
| | | | | | |

| | | | | | | | | | | | | | | |
|---|---|---|---|---|---|---|---|---|---|---|---|---|---|---|
| | | | | | | | | | | | | | | |
| | | | | | | | | | | | | | | |
| | | | | | | 武當侯 | 克奐 | | | | | | | |
| | | | | | | 廣平侯 | 叔駘 | | | | | | 益川侯 | 叔羅 |
| | | | | | 蘊之 | 太子右內率府副率翊之 | | | | 右班殿直愼之 | | 直之 | 敦武郎輔之 | |
| 公容 | | | | | 公宕 | | | | | | | | | |
| 彥輔 | 彥置 | 彥熊 | 彥署 | 彥彝 | | | | | | | | | | |
| | | | | | | | | | | | | | | |
| | | | | | | | | | | | | | | |
| | | | | | | | | | | | | | | |
| | | | | | | | | | | | | | | |
| | | | | | | | | | | | | | | |
| | | | | | | | | | | | | | | |

左侍禁鼎之

迪功郎公琦　公釭

武翼郎彥值　彥倚　彥修　彥傅　彥俊　彥僢　彥儀　彥侵

鑛夫　鋭夫　鐓夫　鏜夫　□夫　鈜夫

時昌　時保　時奭　時溥　時愼　時博　時[illegible]

| | | | | | | | | | | | | | | |
|---|---|---|---|---|---|---|---|---|---|---|---|---|---|---|
| | | | | | | | | 秉義郎 | 義之 | | | 忠訓郎 | 敝之 | 成忠郎 |
| | | | | | | | | | 公簡 | | | | | |
| | | | | | | 彥條 | | | 彥譽 | 彥[illegible] | 彥[illegible] | | | |
| 鉉夫 | 錟夫 | 鎬夫 | 錫夫 | 鎰夫 | 滉夫 | 鑄夫 | 鑑夫 | | 賢夫 | | | | | |

承之
贈武經郎共之

公俊
從義郎公仁

彥達
彥遡
彥迴
彥进
彥運
彥逸

璟夫
敬夫
牧夫
致夫
敏夫
敎夫
徹夫

| | | | | | | | | | | | |
|---|---|---|---|---|---|---|---|---|---|---|---|
| | | | | 贈承議郎公儔 | | | | 承信郎公傑 | 贈奉議郎公偉 | | |
| | | 彥進 | 彥邂 | 彥迸 | 彥迅 | 彥逵 | 彥越 | | 彥建 | 彥邐 | |
| 敢夫 | 數夫 | | | 磬夫 | | | 恮夫 | | | 汪夫 | |
| | | | | | | | | | | 時逑 | 時宓 |

會之
秉義郎
公僎
彥遂
彥辻
彥湯
彥迹
彥逦
彥道
灃夫
漳夫
泗夫
瀍夫
時汪
時宕

| | | | | | | | | |
|---|---|---|---|---|---|---|---|---|
| | | | 贈左領軍衞將軍叔多 | 左班殿直旴之 | 成忠郎公堅 | 彥敷 | 嚴夫 | 時坦 |
| | | | | | | 彥崧 | 諒夫 | |
| | | | | | | 彥岷 | 謂夫 | 時肅 |
| | | | | | 保義郎公岐 | 彥成 | | |
| | | | | | 承信郎公川 | | | |
| | | | 信都侯叔昂 | 右侍禁曦之 | | | | |
| | | | | 成忠郎明之 | | | | |
| | | | | 忠訓郎會之 | | | | |

西染院使叔璞

忠翊郎暉之
保義郎晤之
成忠郎贊之

保義郎公儀
訓武郎公侁
承信郎公莒
公福

彥逌
彥諸
彥寓
彥謀
彥譁
彥禹

升夫
諟夫
詛夫

| | | | | | | | | | | |
|---|---|---|---|---|---|---|---|---|---|---|
| | 修武郎資之 | | | | | | | 成忠郎賡之 | 保義郎賁之 | 承信郎贇之 |
| 公壽 | 公裕 | 公祥 | 公祉 | 公禧 | | 公祐 | 公祚 | | | 贈奉議郎公格 |
| | | | | 彥運 | 彥遜 | | | | | 彥修 |
| | | | | | | | | | | 頤夫 |

| | | | | | | | | | | | |
|---|---|---|---|---|---|---|---|---|---|---|---|
| 承信郎 | 公遠 | 保義郎 | 公汜 | | | | | | 保義郎 | 公閱 | 公閔 |
| | 彥備 | | 彥搸 | 彥撞 | 彥撢 | 彥扶 | 彥抗 | 彥鯨 | | | 彥柯 |
| | | | | | | 俊夫 | | | | | 元夫 |

## 校勘記

〔一〕秉義郎叔革　按此名兩見，兄弟不應同名，疑有一誤。

〔二〕閬中郡公承翊　「翊」原作「詡」。按本書卷二四四魏王廷美傳：鄖國公德鈞諸子有承翊而無「承詡」；宋會要帝系三之二五載承翊嘉祐五年七月贈安德軍閬平（當係「閬中」之訛）郡公。據改。

〔三〕南康侯克勤　按宋會要帝系三之二一載克勤元豐二年九月贈鎮寧軍節度使、儀國公；王安禮王魏公集卷八有克勤墓誌銘，亦稱追封儀國公。

〔四〕深義郎　按本書卷一六九職官志無「深義郎」官階，疑此有誤。

# 宋史卷二百四十一

## 表第三十二

## 宗室世系二十七

申王房

| |
|---|
| 申王、謚恭裕德文 |
| 樂平郡王承顯〔一〕 |
| 樂平郡王克柔 |
| 太子右內率府副率叔時　太子右內率府 |
| |
| |
| |
| |
| |
| |
| |
| |
| |

副率叔顗

太子右內率府副率叔包

贈右屯軍叔椒

太子右內率府副率叔頎

溫國公叔雉

太子右內率府

| | | | | | | | |
|---|---|---|---|---|---|---|---|
| | | | | | | | |
| | | | | | | | |
| | | | | | | | |
| | | | | | | | |
| 副率柬之 | 右班殿直抃之 | 敦武郎抑之 | 忠翊郎欅之 | 左班殿直攄之 | 從義郎受之 | | |
| | | | | | 武翼郎公瑾 | 承節郎公瑞 | |
| | | | | | 彥晅 | 彥昭 | 彥晭 |
| | | | | | | | 寬夫 |
| | | | | | | | |
| | | | | | | | |
| | | | | | | | |
| | | | | | | | |

| | | | |
|---|---|---|---|
| | 保義郎 | | |
| | 公琬 | 彥曨 | 嵲夫 |
| | | 彥晛 | 峒夫 |
| | 保義郎 | | |
| | 公瓚 | | |
| | 承信郎 | | |
| | 公璪 | | |
| 拯之 | 公佾 | | |
| 從義郎 | | | |
| 揩之 | 公璣 | | |
| 從義郎 | 忠翊郎 | | |
| 擇之 | 公玗 | | |
| | 公璞 | 彥湑 | |
| | | 彥沚 | |
| | 公珣 | 彥雲 | |

| | | | | | | | | | | | | | |
|---|---|---|---|---|---|---|---|---|---|---|---|---|---|
| | | | | | | | | | | | | | 奉化郡公叔韋 |
| | | | 忠訓郎撫之 | | 忠翊郎揖之 | | 成忠郎抗之 | | 贈忠訓郎操之 | | 成忠郎提之 | | 三班借職瓊之 |
| | | | | | 承節郎公席 | | | | | | | | |
| 彥必 | 彥汕 | 彥洟 | | | | | | | | | | | |
| 郴夫 | 勳夫 | | | | | | | | | | | | |

| | | | | | | | | | | | | | | |
|---|---|---|---|---|---|---|---|---|---|---|---|---|---|---|
| | | | | | | | | | | | | 建安侯 | 叔游 | |
| 右班殿 | 直元之 | 武翼郎 | 鯱之 | | | | | 三班奉 | 職鯥之 | 成忠郎 | 鉉之 | 右班殿 | 直鯌之 | 武翼大 |
| | | | 公薿 | 忠訓郎 | 公茂 | | | | | | | | | 右承務 |
| | | | | | 彥飛 | | 彥敏 | | | | | | | |
| | | | | | 義夫 | 啓夫 | | | | | | | | |

| | | | | | | | | | | | | | | |
|---|---|---|---|---|---|---|---|---|---|---|---|---|---|---|
| | | | | | | | | | 清源侯 | 叔棼 | | | | |
| 夫穌之 | | | | | | | | | 忠翊郎 | 軸之 | 武節郎 | 鞇之 | 武翼郎 | 鞑之 |
| 郎公塤 | | | | 武經郎 | 公垷 | | 公鐸 | 公鑑 | | 公震 | | 公茂 | 承節郎 | 公巽 |
| 彥瑻 | 彥瑫 | | | | 彥郛 | 彥幵 | | | | | | 彥敏 | | 彥魁 |
| 蘊夫 | 蔵夫 | 芥夫 | 欻夫 | | | | | | | | | | | 鏦夫 |

| | | | | | | | | | | |
|---|---|---|---|---|---|---|---|---|---|---|
| | | | | | | | | | | |
| | | | | | | | | | | |
| | | | | | | | | | | |
| | | | | 武德郎叔賛 | | | | | | |
| | | 韡之 | | 從義郎欽之 | | | | 從義郎銳之 | | |
| | 從義郎公偶 | 秉義郎公悳 | 公雲 | 公援 | 公振 | 公抗 | 公提 | 從義郎公範 | | |
| | | | | | | | | 彥旼 | 彥邴 | |
| 釭夫 | | | | | | | | | 端夫 | 誼夫 |
| | | | | | | | | | 時澗 | |
| | | | | | | | | | | |
| | | | | | | | | | | |
| | | | | | | | | | | |

| | | |
|---|---|---|
| | 彥陽 | |
| | 彥性 | 紖夫 |
| | 彥恞 | 訫夫 |
| | | 諫夫 |
| 承節郎公薾 | 彥悟 | |
| | 彥悕 | 謦夫 |
| 贈宣教郎公篪 | 彥□ | 恫夫 |
| | | 譔夫 |
| | 彥惐 | |
| | 彥怲 | |
| | 彥憒 | |
| | 彥懆 | |
| | 彥愖 | |

| | | | | | | | | | | | | |
|---|---|---|---|---|---|---|---|---|---|---|---|---|
| | | | | | | | | | | | | |
| | | | | | | | | | | | | |
| | | | | | | | | | | | 淮南侯 | 克恂 |
| | | | | | | | | | | | 太子右內率府 | |
| | 鎮之 | 鉞之 | 從義郎錫之 | | | | 修武郎鏜之 | | | | | |
| | | | 公琇 | | | | 通直郎公烜 | | | | | |
| 彥悅 | | | 彥迄 | 彥遈 | 彥途 | 彥達 | 彥迦 | 彥邋 | 彥迹 | 彥适 | | |
| | | | 繽夫 | 緘夫 | 締夫 | | | | 溷夫 | 涸夫 | | |

| | | | | | | | | |
|---|---|---|---|---|---|---|---|---|
| 副率叔遇 | 崇國公叔諏 | | | | | | | |
| | 右侍禁應之 | | | | | 右班殿直康之 | 右侍禁庭之 | 武翼郎庯之 |
| | 成忠郎公俛 | 成忠郎公謁 | 公弼 | 公立 | 公達 | | | 忠翊郎公种 |

| | | | | | |
|---|---|---|---|---|---|
| | | | | | |
| | | | | | |
| | | | | | |
| | | | | | |
| 左侍禁廱之 | 贈武節大夫庠之 | | | | |
| 公禮 | 武節大夫公邁 | 承信郎公週 | 贈武翼大夫公高 | | |
| 彥逖 | 彥鋶 | 彥濤 | | | |
| 湍夫 | 佃夫 | 倲夫 | 僨夫 | 佴夫 | 從夫 |
| | | | | | |
| | | | | | |
| | | | | | |
| | | | | | |
| | | | | | |

| | | | | | | | | | | | | |
|---|---|---|---|---|---|---|---|---|---|---|---|---|
| | | | | | | | | | | 敦武郎序之 | | |
| 公亦 | 公亮 | 公儀 | | | | 公望 | | | 保義郎公裕 | 公佐 | | |
| | | | 彥繩 | | 彥附 | 彥繼 | 彥材 | | 彥砅 | | 彥嘉 | |
| | | | | 軻夫 | 奭夫 | | | 韓夫 | 莒夫 | | | 賢夫 |
| | | | | | | | | 時復 | | | | |

| | | | | | | | | | | | | | | |
|---|---|---|---|---|---|---|---|---|---|---|---|---|---|---|
| | | | 修武郎 | 廛之 | | 右班殿 | 直廣之 | 左班殿 | 直立之 | 修武郎 | 澤之 | 忠翊郎 | 廙之 | |
| 公高 | 公言 | 公佐 | | 公德 | 公修 | | | | 公棄 | | 公益 | 忠訓郎 | 公衡 | 公衍 |
| | | | | | | | | | | | | | 彥戩 | |

| | | | | | | | | |
|---|---|---|---|---|---|---|---|---|
| | | | | | | | | |
| | | | | | | | | |
| | | | | | | | | |
| | | | 盛國公叔黔 | | | | | |
| 修武郎成之 | 修武郎原之 | | 贈武經大夫麟之 | | | | | |
| | 公傑 | 成忠郎公齊 | 武翼郎公儒 | | | | 訓武郎公亮 | |
| | | 彥悅 | | 彥瑡 | | | 彥枯 | |
| | | | | 夢夫 | 山夫 | 樵夫 | 誠夫 | 誌夫 |
| | | | | 時英 | 時美 | | | |
| | | | | | | | | |
| | | | | | | | | |
| | | | | | | | | |
| | | | | | | | | |

| | | | | | | | | | | | | | | |
|---|---|---|---|---|---|---|---|---|---|---|---|---|---|---|
| | | | | | | | | | | | | | | |
| | | | | | | | | | | | | | | |
| | | | | | | | | | | | | | | |
| | | | | | | | | | | | | | | |
| | | | | | 贈武德郎 | 叠之 | | | | | | | | |
| | | | | | 忠訓郎 | 公棄 | 忠訓郎 | 公亨 | 武節郎 | 公明 | | | | |
| 彥稅 | | | | | | | | | | 彥琦 | 彥璔 | | 彥琤 | |
| 謙夫 | 譓夫 | 說夫 | 訓夫 | 燡夫 | | | | | | | 像夫 | 佺夫 | 墫夫 | |
| | | | | | | | | | | | | | 時宥 | 時宲 |
| | | | | | | | | | | | | | | |
| | | | | | | | | | | | | | | |
| | | | | | | | | | | | | | | |

| | | | | | | | | |
|---|---|---|---|---|---|---|---|---|
| | | | | | | | | 漢東郡 |
| | | | 朝散大夫本之 | | | | | 右侍禁 |
| | | | 成忠郎公柔 | 忠翊郎公旦 | 贈朝散大夫公禮 | | 將仕郎公師 | |
| 彥琭 | | | 彥瓔 | | 彥侳 | 彥佃 | | |
| 姘夫 | 竧夫 | 竫夫 | | | 碩夫 | 琁夫 | | |
| 時寅 | 時鞾 | 時窠 | | | | | | |

| | | | | | | |
|---|---|---|---|---|---|---|
| | | | | | | |
| | | | | | | |
| | | | | | | 華陰侯 |
| 公叔鑄 | | | | 廣平侯 | 叔榮 | 右監門 |
| 從之 | 右班殿直誠之 | 西頭供奉官崇之 | 右班殿直徽之 | 左班殿直衝之 | 衞之 | |
| | | | | | 承節郎公說 | |

| | | | | | | |
|---|---|---|---|---|---|---|
| | | | | | | |
| | | | | | | |
| 克倫 | | | | | | |
| 率府率 | 叔楝右監門率府率 | 叔伽太子右內率府副率 | 叔欒武經郎 | 叔𤦴 | | |
| | | | | 獻之 | 峴之 | 旦之　晉之通直郎 |

| | | | | | | | | | | | | | | |
|---|---|---|---|---|---|---|---|---|---|---|---|---|---|---|
| | | | | | 武翼郎 | 叔邠 | | | | | | | | |
| 澄之 | | | | | 修武郎 | 貴之 | 承議郎 | 勉之 | 修武郎 | 直之 | | | | |
| 公沂 | 承節郎 | 公郊 | 公邳 | 公鄘 | | | | | | 公弼 | 公舋 | 修武郎 | 公郯 | 承節郎 |
| | | 彥擗 | | | | | | | | | | | 彥植 | |
| | | 淳夫 | | | | | | | | | | | | |

| | | | | | | | | | | | | | | |
|---|---|---|---|---|---|---|---|---|---|---|---|---|---|---|
| | | | | | | | | | | 宣教郎 | 獻之 | 從事郎 | 峴之 | 且之 |
| 公象 | | | 成忠郎 | 公荀 | | | | | | | | | | |
| 彥烈 | 彥瑀 | 彥璩 | | 彥溢 | 彥瘉 | 彥忠 | 彥才 | 彥修 | 彥發 | | | | | |

武節郎叔宓

左侍禁叔盛

內殿承制叔纓

承節郎晉之〔三〕

右通直郎浚之

公衍

成忠郎琰之

公霞

秉義郎漢之

承節郎潤之

承信郎叔之

| | | | | | | |
|---|---|---|---|---|---|---|
| 舒國公、諡恭僖承蘊〔三〕 | 奉化郡公克賢 | 太子右內率府副率叔玭 | | | | |
| | | 贈開府儀同三司叔輣 | 修武郎暠之 | 奉直大夫公亮 | 彥粲 | 烋夫 |
| | | | | | | 佟夫 |
| | | | | | | 憴夫 |
| | | | | | 彥獻 | |
| | | | | | 彥瑒 | 鎰夫 |
| | | | | | | 錡夫 |
| | | | | | 彥琩 | 鋈夫 |
| | | | | | | 鉷夫 |
| | | | | | | 鐏夫 |

| | | | | | | | |
|---|---|---|---|---|---|---|---|
| 崇國公叔巢 | | | | | | | |
| 秉義郎昇之 | 東頭供奉官球之 | | 武德郎琦之 | | 右班殿直瑨之 | 右班殿直域之 | 忠訓郎琯之 |
| | 公持 | 公遲 | 忠翊郎公誠 | 公誂 | | | |

永國公　克常

右監門率府率副叔輿

武德大夫昵之

忠翊郎公諶　忠翊郎公誠　公讚　公調　訓武郎公峻

彥玲　彥瑰　彥弘

遜夫　洙夫　恤夫

| | | | | | | |
|---|---|---|---|---|---|---|
| 漢東郡公叔邑 | | | | | | |
| 贈武德大夫述之 | | | | | | 贈武德 |
| 左朝請大夫公達 | 公濟 | 保義郎公邈 | | 從事郎公擇 | 訓武郎公邁 | |
| 彥清 | | 彥淸 | 彥淨 | | 彥路 | 彥淳 |
| 奇夫 | | | 特夫 | | | |
| | | | 時忠 | 時駒 | | |

| | | | | | | | | | | | | | | |
|---|---|---|---|---|---|---|---|---|---|---|---|---|---|---|
| 大夫遷 | 之 | | | | | | | | | 敦武郎 | 逵之 | 修武郎 | 遜之 | |
| 武義郎 | 公遜 | | | | | | | | | | | | 公球 | 公琳 |
| | 彥積 | | | | 彥穆 | | 彥稹 | | 彥秩 | | | | | 彥戈 |
| | 戚夫 | | 吝夫 | 忺夫 | 嵩夫 | 哲夫 | 詧夫 | 仚夫 | | | | | | 係夫 |
| | 時裳 | 時邵 | | | 時遵 | | 時嘉 | | | | | | | 時玐 |
| | | | | | 若順 | | | | | | | | | 若還 |

| | | | | | | | | | | | | | |
|---|---|---|---|---|---|---|---|---|---|---|---|---|---|
| | | | | | | | | | | | | | 右金吾 |
| | | | | | | | | | 武經大夫迥之 | | | | |
| | | | | | | | | | 武翼大夫公珵 | | | | |
| | | | | | 彥武 | | | 彥泌 | 彥鍔 | | | 彥鑣 | |
| | | | 佈夫 | 信夫 | 倂夫 | | | | 給夫 | 緟夫 | 繗夫 | 素夫 | |
| | 時鏳 | 時銉 | 時麟 | | 時鎣 | | | | | | | 時弼 | |
| 若遶 | 若迪 | | 若墍 | | 若洣 | 若清 | 若淩 | | | | | | |

| | |
|---|---|
| 大將軍、寧州防禦使叔亥 | 右班殿直旗之 |
| 贈保寧軍節度觀察留後叔巨 | 忠翊郎佑之 |
| | 三班奉職伏之 |
| | 秉義郎俅之 |
| 內殿承制叔璜 | 右班殿直達之 |
| | 右班殿直儔之 |

| | | | | | | | | | |
|---|---|---|---|---|---|---|---|---|---|
| 贈武翼郎叔經 | | | | | | | | | |
| 偉之 | 武節郎伉之 | 保義郎續之 | | | | | | | |
| 公榮 | 從義郎公珌 | 武節郎公銅 | 公復 | 公達 | 從義郎公俊 | | | | |
| 彥衎 | 彥僓 | 彥傔 | 彥震 | 彥瑭 | | | | | |
| 態夫 | 佺夫 | 佐夫 | | | | | | | |
| 時岌 | 時學 | | | | | | | | |
| 若煥 | 若烼 | 若烓 | 若櫶 | | | | | | |
| 嗣伕 | 嗣秄 | | | | | | | | |

| | | | | | | | | | | | | | | |
|---|---|---|---|---|---|---|---|---|---|---|---|---|---|---|
| | | | | | | | | 彥惠 | 彥堤 | | | | | |
| | | | | | | | 倓夫 | | 倞夫 | 什夫 | | | | |
| | | 時崧 | | | 時栐 | 時榕 | | | | 時滔 | 時渥 | 時沐 | 時淄 | |
| 若樾 | 若椸 | 若燀 | 若焥 | 若浮 | | | | | | 若煯 | 若灑 | | 若鐀 | 若鐏 |

| | | | | | | | | | | | | | | |
|---|---|---|---|---|---|---|---|---|---|---|---|---|---|---|
| | | | | | | | | | | | | | | |
| | | | | | | | | | | | | | | |
| | | | | | | | | | | | | | | |
| | | | | | | | | | | | | | | |
| | | | | | | | | | | | 武翼郎 | 繹之 | | |
| 公傑 | | | | | | | | 保義郎 | 公僅 | | 承信郎 | 公瑕 | | 承信郎 |
| 彥枋 | | | 彥祮 | | 彥祵 | | | | 彥恭 | 彥問 | | 彥謹 | | |
| 訢夫 | | 諸夫 | 詧夫 | 詅夫 | 璸夫 | 珶夫 | | | | | | 津夫 | 涇夫 | |
| 時圩 | 時墂 | | | | 時埥 | 時堦 | 時垩 | | | | | 時杅 | | |
| | 若槦 | | | | | | | | | | | | | |
| | | | | | | | | | | | | | | |
| | | | | | | | | | | | | | | |
| | | | | | | | | | | | | | | |

| | | | | | | | | | | | | | | |
|---|---|---|---|---|---|---|---|---|---|---|---|---|---|---|
| | | | | | | | | | | | | | | 公瑀 |
| | 彥謀 | | | | | | 彥講 | 彥誼 | | | | | | 彥許 |
| | 輔夫 | | 慷夫 | | | 忯夫 | 福夫 | | 禕夫 | | | | | 禮夫 |
| 時衡 | 時蓋 | 時邏 | 時𨓈 | 時瓁 | 時祥 | 時薖 | 時瀘 | | | | 時豫 | | 時楮 | 時祿 |
| | | | | | | | | | | 若俀 | 若擂 | 若謗 | 若誤 | 若檇 |

| | | | | | | | | | | | | | | |
|---|---|---|---|---|---|---|---|---|---|---|---|---|---|---|
| | | | | | | | | | | | | | | |
| | | | | | | | | | | | | | | |
| | | | | | | | | | | | | | | |
| | | | | | | | | | | | | | | |
| | 經之 | 秉義郎 | | | | | | | | | | | | |
| 承信郎 | 公珪 | 承信郎 | 公怡 | | | | 公琰 | 承節郎 | 公珍 | | | | | |
| | | | | | | | 彥訓 | | | | | | | |
| | | | | 薦夫 | | | 盧夫 | | | | | | 輖夫 | |
| | | | | 時𥙿 | 時襸 | | 時𧙕 | | | 時斑 | 時□ | 時𤫊 | 時𤩽 | 時萃 |
| | | | | | 若傚 | 若𢔁 | 若𥘸 | | | | | | 若鏸 | |
| | | | | | | | | | | | | | | |
| | | | | | | | | | | | | | | |
| | | | | | | | | | | | | | | |

公璹 忠訓郎　公琮

彥譖　彥詒

懫夫　金夫　式夫

時涼　時瀝　時攸　時潷　時滮　時仂　時仟

若讚　若褳　若漿　若焴　若熜　若㷛　若煌　若熆　若政　若致　若蓽

| | | | | | | | | | | | | | | |
|---|---|---|---|---|---|---|---|---|---|---|---|---|---|---|
| | | 武夫 | | 虞夫 | | | | | 胃夫 | 塽夫 | 季夫 | 峻夫 | | |
| | | 時向 | 時金 | 時傎 | | 時節 | | 時濬 | | | | 時郿 | 時琊 | 時郊 |
| 若檠 | 若芹 | | | 若橐 | 若梟 | 若棠 | 若果 | | | | | 若噌 | | |

武翼郎繼之

公璡

彥諶　彥識　彥諍　彥訊

墐夫　墂夫　塖夫　謐夫　茹夫　稷夫　崟夫

時鄒　時鄙　時濳　時僨　時濵　時隱　時陽　時陵

| | | | | | | | | | | | | |
|---|---|---|---|---|---|---|---|---|---|---|---|---|
| | | | | | | | | | | | | |
| | | | | | | | | | | | | |
| | | | | | | | | 吉國公 | 克務 | | | |
| | | | | 武翼郎 | 叔態 | | | 榮國公 | 叔傳 | | | |
| | | | | 承節郎 | 組之 | 約之 | 繩之 | 綬之 | 敦武郎 | 營之 | 左班殿直隨之 | 武節郎艮之 |
| | | | | | | | 公廖 | | | | | 公持 |
| | | | 彥銓 | | | | | | | | | 彥深 |
| | | | | | | | | | | | | |
| 時陝 | 時隱 | 時郎 | | | | | | | | | | |
| | | | | | | | | | | | | |
| | | | | | | | | | | | | |
| | | | | | | | | | | | | |
| | | | | | | | | | | | | |

| | | | | | | |
|---|---|---|---|---|---|---|
| 博陵郡王 | 承選 | | | | | |
| 贈右武衛大將 | | | | | | |
| 太子右內率府 | | | | | | |
| 修武郎 | 升之 | 左班殿直 | 賁之 | 敦武郎 | 悅之 | |
| 公揚 | 公揩 | | | | | |
| 彥甀 | | | | | | |
| 一夫 | 翕夫 | 晙夫 | 曦夫 | | | |
| 時燀 | 時超 | | | | | |
| 若堵 | 若壝 | | | | | |

| | | | | | | | | |
|---|---|---|---|---|---|---|---|---|
| | | 軍克丕 | 副率叔 | | | | | |
| | | | 霍 | | | | | |
| | | 奉化郡 | 朝散郎 | | | | | |
| | | 公克艱 | 叔酬 | | | | | |
| | | | 武經郎 | | | | | |
| | | | 叔倈 | | | | | |
| | | | 左班殿 | 承節郎 | | | | |
| | | | 直叔摯 | 授之 | | | | |
| | | | 武翼郎 | 武經郎 | 忠訓郎 | | | |
| | | | 叔輯 | 微之 | 公運 | 彥玑 | 澻夫 | |
| | | | | | | | 漼夫 | 時楪 |
| | | | | | | | | 時樵 |
| | | | | | | | 淶夫 | 時岔 |
| | | | | | | | | 時鷙 |
| | | | | | | 彥珮 | 稟夫 | 時訢 |

| | | | | | | | | | | | | | | |
|---|---|---|---|---|---|---|---|---|---|---|---|---|---|---|
| | | | | | | | 彥湟 | 彥璘 | 彥珣 | | | | | |
| 蒓夫 | | [illegible]夫 | | | | | 淬夫 | 湶夫 | 棲夫 | 淀夫 | 潒夫 | | 灟夫 | 泑夫 | 淍夫 |
| 時鍘 | 時鐩 | 時浧 | 時洪 | 時汜 | 時灟 | | | | | 時[illegible] | 時僕 | 時邠 | | | |
| 若埜 | | | 若鉺 | 若鑣 | | | | | | | | | | | |

| | | | | | | | | | | | | | | |
|---|---|---|---|---|---|---|---|---|---|---|---|---|---|---|
| | | | | | | | | | | | | | | |
| | | | | | | | | | | | | | | |
| | | | | | | | | | | | | | | |
| | | | | | | | | | 武節郎 | 叔疆 | 武顯大 | 夫叔溤 | | |
| | 修武郎 | 徹之 | | 承信郎 | 修之 | | | | 保義郎 | 觀之 | 忠翊郎 | 勳之 | | |
| | 保義郎 | 公昉 | 公照 | | 公明 | | | | | | 承信郎 | 公時 | | |
| | | | | | 彥琊 | | | | 彥壔 | | | | 彥森 | 彥棣 |
| 瀗夫 | | | | | 賽夫 | 寪夫 | | | | | | | | 溍夫 |
| | | | | | 時晢 | 時晞 | 時晱 | 時嚶 | | | | | | |
| | | | | | | | | | | | | | | |
| | | | | | | | | | | | | | | |
| | | | | | | | | | | | | | | |
| | | | | | | | | | | | | | | |

| | | | | | | | | | | | | | | |
|---|---|---|---|---|---|---|---|---|---|---|---|---|---|---|
| | | | | | | | | | | | | | | |
| | | | | | | | | | | | | | | |
| | | | | | | | | | | | | | | |
| 叔抗 | 武節郎 | | | | | | | | | | | | | |
| 燁之 | 忠訓郎 | 杰之 | 燾之 | 保義郎 | | | | | | | | | | |
| 公杲 | 承直郎 | | | | | 公皓 | | | 公晣 | | | | 公暄 | |
| 彥坐 | | | | | | 彥棆 | | 彥英 | 彥樽 | 彥焞 | | 彥埴 | 彥杖 | 彥櫛 |
| 溈夫 | | | | | 涯夫 | 淧夫 | 湟夫 | 費夫 | | | 渠夫 | 醴夫 | 禩夫 | |
| 時錕 | | | | | | | | | | | | | | |
| | | | | | | | | | | | | | | |
| | | | | | | | | | | | | | | |
| | | | | | | | | | | | | | | |
| | | | | | | | | | | | | | | |

| | | | | | | | | | | | | | | |
|---|---|---|---|---|---|---|---|---|---|---|---|---|---|---|
| | | | | | | | | | | | | | | |
| | | | | | | | | | | | | | | |
| | | | | | | | | | | | | | | |
| | | | | | | | | | | | | | | |
| | | | | | | | | | | | | | | 保義郎 |
| | | | | | | | | 成忠郎 | 公旻 | | | | | |
| | | | | 彥塾 | | | | | 彥壢 | | | 彥堅 | | |
| | | 濼夫 | 涪夫 | 洑夫 | 潳夫 | 溙夫 | 瀰夫 | | 瀘夫 | 濆夫 | [illegible]夫 | 泟夫 | 遷夫 | |
| 時鏊 | 時鎜 | | | | | | | | | | | | | |
| | | | | | | | | | | | | | | |
| | | | | | | | | | | | | | | |
| | | | | | | | | | | | | | | |
| | | | | | | | | | | | | | | |

| | | | | | | | | | | | | | | |
|---|---|---|---|---|---|---|---|---|---|---|---|---|---|---|
| 煒之 | | | | | | | | | 承信郎 | 烜之 | | | | |
| 公銑 | | | | | | | | 公鉉 | 承信郎 | 公黻 | | | | |
| 彥華 | | 彥珠 | 彥瑧 | 彥壜 | | | 彥玅 | | | 彥解 | | | 彥洎 | |
| 鏊夫 | 鍪夫 | | | 棨夫 | 還夫 | 槳夫 | 原夫 | | | 拮夫 | 揔夫 | 榕夫 | 遵夫 | 垌夫 |

| | | | | | | | | | | | | | | |
|---|---|---|---|---|---|---|---|---|---|---|---|---|---|---|
| | | | | 炳之 | | | | | | | | | | 煜之 |
| | | | 公積 | 公屋 | 公忻 | 公堪 | | 公圯 | | | 公[illegible] | | | 公暤 |
| | 彥邈 | | | | | 彥鉊 | | 彥鍨 | | 彥鑰 | 彥鏐 | 彥鑽 | 彥銼 | |
| 堛夫 | 墂夫 | 埭夫 | | | | 晥夫 | 睋夫 | 鐗夫 | 漊夫 | | | | | |

建國公克菑

左班殿直叔咨　武翼郎叔趞　稹之　右侍禁叔莒　祜之

公晈　公皪　公皈　公晘　彥暳　彥㬈

公應　彥綷　畣夫　京夫　辛夫　時漾

公慶　彥綿

| | | | | | | | | | | | | | | |
|---|---|---|---|---|---|---|---|---|---|---|---|---|---|---|
| 公麻 | | | | | | | | | | | | | | 承信郎 |
| 彥矜 | | | | | | | | | | 彥緣 | 彥織 | | | |
| 侖夫 | 倉夫 | | | | 畲夫 | 龠夫 | 倉夫 | 効夫 | 佾夫 | | 相夫 | 楤夫 | 橍夫 | |
| | 時樟 | 時槤 | 時楸 | 時栝 | 時轃 | 時濡 | 時泎 | | | | | 時礫 | 時涀 | |

| | | | | | | | | | | | | | | |
|---|---|---|---|---|---|---|---|---|---|---|---|---|---|---|
| | | | | | | | | | | | | | | |
| | | | | | | | | | | | | | | |
| | | | | | | | | | | | | | | |
| | 從義郎叔筲 | | | | | | | | | | | | | |
| | 成忠郎儈之 | | | | | 忠翊郎祚之 | | | 仍之 | | | 裿之 |
| 公唐 | 公直 | 公酉 | 公嗣 | | | 公趨 | | | 公正 | | | |
| 彥纘 | 彥申 | | 彥芊 | 彥萃 | 彥禧 | 彥學 | | 彥卓 | 彥羣 | | | |
| | | | | | | 立夫 | 衡夫 | | 筥夫 | 昷夫 | 盍夫 | |

| | | | | | |
|---|---|---|---|---|---|
| | | | | | |
| 樂平郡公承湜 | | | | | |
| 太子右內率府副率克久 | 贈少傅克功 | | | | |
| 忠翊郎叔潛 | 朝奉郎叔驪 | 右侍禁叔仿 | | 左中奉大夫、開國男叔涔 | |
| | 越之 | 鐸之 | 鈇之 | 從義郎鑣之 | |
| | | | | 迪功郎公繼 | |
| | | | | 彥篤 | |
| | | | | 沥夫 | |

| | | | | | | | | | | |
|---|---|---|---|---|---|---|---|---|---|---|
| 右監門率府率叔海 | | 從義郎叔戀 | | | | | | | | |
| | 鑑之 | 承節郎鏦之 | 錄之 | | 將仕郎鈜之 | | | | | |
| | | | | | 公紱 | | | | | |
| | | | | 彥汅 | 彥撥 | 彥竻 | | | 彥竺 | |
| | | | | 瑦夫 | | 焰夫 | | | 械夫 | 旌夫 |
| | | | | | | 時榢 | 時惈 | 時愔 | 時惲 | |
| | | | | | | 若坌 | | | | |

| | | | | | | | | |
|---|---|---|---|---|---|---|---|---|
| 安陸侯承嘏 | 宣城侯克運 | 右班殿直叔杰 | | | | | | |
| | | 右班殿直叔勱 | | | | | | |
| | | 左侍禁叔顒 | 承節郎擬之 | 公昭 | | | | |
| | | | | 承節郎公晶 | 彥切 | 淜夫 | 時熺 | 若埒 |
| | | | | | | | | 若壏 |
| | | | | | | | | 若壙 |
| | | | | | | | 時焟 | |
| | | | | | | | 時煒 | 若垌 |
| | | | | | | | | 若塡 |
| | | | | | | | | 若埜 |
| | | | | | | | 時聚 | |

| | | |
|---|---|---|
| 瑳夫 | | |
| 僊夫 | 時烷 | |
| | 時炟 | |
| 栢夫 | 時烼 | 若璩 |
| | 時煟 | |
| | 時㷇 | 若畕 |
| | | 若坐 |
| | 時煜 | |
| | 時燠 | |
| | 時熒 | |
| 裹夫 | | |
| 檖夫 | 時烸 | |
| | 時炷 | |
| | 時爥 | |
| 馨夫 | 時謭 | |

| | | |
|---|---|---|
| 彥叶 | 徠夫 | 時乾 |
| | | 時湑 |
| 彥勔 | 丕夫 | 時錞 |
| | | 時鉼 |
| | 重夫 | |
| | 整夫 | 時撜 |
| | | 時奮 |
| | | 時畓 |
| | | 時沇 |
| | 保夫 | 時鈋 |
| | | 時鐎 |
| | | 時鋑 |
| | 墲夫 | 時鏊 |
| 彥勁 | [illegible]夫 | |
| | 賷夫 | 時墟 |
| | | 時墣 |

| | | | | | | | | | | | | | | |
|---|---|---|---|---|---|---|---|---|---|---|---|---|---|---|
| | | | | | 承節郎 | 公騍 | | | | 承節郎 | 公曤 | | | |
| 彥劾 | | | | 彥動 | | 彥俶 | 彥愊 | | 彥僼 | | 彥璲 | | | |
| 脊夫 | 與夫 | 俑夫 | 偭夫 | | | | 焜夫 | | | | 搸夫 | 倄夫 | 椆夫 | 棡夫 |
| | | 時豙 | | | | | 時坒 | 時煒 | | | | | | |

| | | | | | | | | | | | | | | |
|---|---|---|---|---|---|---|---|---|---|---|---|---|---|---|
| | | 公暟 | | | | | 承節郎 | 公旺 | | | | 公瑤 | |
| 彥弅 | 彥瑛 | | 彥耑 | | | | 彥嵩 | | 彥讜 | 彥瑊 | | 彥璠 | 彥岭 | |
| | 振夫 | | 彣夫 | 淥夫 | 燻夫 | | | | | 鉄夫 | 鉻夫 | 鑯夫 | 寘夫 | 昚夫 |
| | 時䝉 | 時贓 | | | 時珋 | 時玞 | | | | | | | | |

| | | | | | | | | | | | | | | |
|---|---|---|---|---|---|---|---|---|---|---|---|---|---|---|
| | 武翼郎忠訓郎 | 叔甝 | | | | | | | | | | | | |
| | | 拱之 | | | | | | 操之 | | | | | | |
| | | 公玨 | | | 公玥 | | | 公濟 | 公踕 | | | | | |
| 彥崠 | | 彥篴 | 彥邏 | 彥迢 | 彥蓮 | 彥遷 | 彥迕 | | 彥璵 | | 彥瓚 | 彥瓖 | | |
| 鑬夫 | | | | | 湮夫 | | 稵夫 | | 榕夫 | 鑛夫 | | 靚夫 | 鈉夫 | |
| | | | | | 時詨 | | | | | | | | 時麗 | 時櫭 |

| | | | | | | | | | | | | | | |
|---|---|---|---|---|---|---|---|---|---|---|---|---|---|---|
| | 承信郎 | 拯之 | | | | | | | | | | | | |
| | | 公山 | | | | | | | | 公眞 | | | | |
| | | 彥廆 | | | | | 彥㝖 | 彥龔 | 彥胄 | 彥汪 | 彥俙 | 彥佾 | 彥俅 | |
| 錠夫 | | 瓚夫 | | | 玭夫 | 瓃夫 | | | 璁夫 | | | | 琮夫 | 玅夫 |
| 時埼 | | 時硫 | 時磫 | 時硠 | | | | | 時闇 | | | | | |

| | | | | | | | | | | | | | | |
|---|---|---|---|---|---|---|---|---|---|---|---|---|---|---|
| | | | | 援之 | 採之 | 承節郎 | 抃之 | | | | 檄之 | | 捷之 | |
| | 公弗 | | | 公藎 | 公序 | | 公澄 | 公匿 | 公昌 | 公晰 | 承信郎 | 公鎬 | 公諾 | 公詮 |
| | 彥玤 | 彥繕 | 彥協 | | | | | | | | | | | 彥生 |
| 瑙夫 | | | | | | | | | | | | | | 倔夫 |

右班殿直叔憚

榛之

□之

公大

公導

公□

公蓋

彥璈

## 紀國公房

紀國公德存〔四〕

河東郡王承衍

太子右內率府副率克襲

越國公

太子右

| | | | | | | | | | | | | | | |
|---|---|---|---|---|---|---|---|---|---|---|---|---|---|---|
| 克暢 | | | | | | | | | | | | | | |
| 內率府 | 副率叔 | 稽 | 榮國公 | 叔秦 | 彭城侯 | 叔繚 | | | | | | 武經郎 | 叔曉 | 武經大 |
| | | | 三班奉 | 職丕之 | | 從之 | 秉義郎 | 潔之 | | | | 左班殿 | 直衡之 | 忠翊郎 |
| | | | | | | | | 公明 | 公正 | 公謹 | 公廉 | | | |

夫

叔僇

翼之　右侍禁寶之　從事郎裁之　成忠郎慶之　承議郎敔之　秉義郎

公帍

彥詵　彥照　彥獲

信夫　立夫　柬夫　亨夫　潛夫　浚夫

| | | | | | | | | | |
|---|---|---|---|---|---|---|---|---|---|
| | | | | | | | | | 武德郎叔晦 |
| 睦之 | | | | | 忠翊郎韡之 | 忠訓郎屒之 | | 忠翊郎現之 | 忠翊郎問之 |
| 公逭 | 公遢 | 公遃 | 公邁 | 公迠 | | 成忠郎公顗 | 忠訓郎公顧 | 公秉 | |
| 彥瑞 | | 彥琄 | 彥[illegible] | | | 彥緒 | | 彥冲 | |
| | | | [illegible]夫 | | | | | | |

榮國公克奮

左班殿直叔俊　武翼郎叔僑　右侍禁叔起　修武郎叔戩　右侍禁

右班殿直明之　成忠郎□之　承信郎迋之　左班殿直明之

儒林郎公翊

彥琫　彥皷　彥境

右武衛
大夫、象
州刺史
克頌
英國公

叔倬
右侍禁
叔趯
敦武郎
叔趯
右班殿
直叔超
眉州防
禦使叔
懀
太子右

右從政
郎革之
承事郎
慶之
三班奉
職庠之

忠訓郎
公允
公亮

彥鍼

| | | | | | |
|---|---|---|---|---|---|
| | | 克監 | 內率府副率叔珏 | | |
| | | | 右班殿直叔潭 | | |
| | | | 左朝散大夫叔宲 | | |
| | | 房陵郡公克赳 | 饒陽侯叔毅 | | |
| | | | 武經大夫叔竑 | 修武郎忻之 | |
| | | | | 惇之 | |
| | | | | 贈宣教郎愕之 | 公濟 |

| | | | | | | | | | | |
|---|---|---|---|---|---|---|---|---|---|---|
| | | | | | | | | | | 武經大夫叔鄒 |
| | | | | | | | | | 忖之 | 修武郎立之 |
| 修武郎公潡 | | | | | 公滙 | 訓武郎公涯 | | | | 承信郎公滌 |
| 彥侚 | 彥唯 | | 彥占 | 彥谷 | | 彥礪 | 彥启 | 彥彧 | | 彥珀 |
| | 堥夫 | 厔夫 | | 潮夫 | | | 㑳夫 | | | |

| | | | | | | | | | |
|---|---|---|---|---|---|---|---|---|---|
| | | | | | | | | | |
| | | | | | | | | | |
| | | | | | | 洋國公克依 | | | |
| | | | | | | 右班殿直叔吶 | | | 內殿承制叔寄 |
| | 秀之 | 武翼郎昌之 | | | | 從義郎球之 | | | |
| | | 保義郎公譮 | | | 修職郎公該 | 承信郎公信 | 忠翊郎公諲 | | |
| 彥玠 | | 彥適 | 彥滑 | 彥漎 | | | 彥怤 | 彥愻 | |
| | | | | | | | | | |
| | | | | | | | | | |
| | | | | | | | | | |
| | | | | | | | | | |
| | | | | | | | | | |
| | | | | | | | | | |

承節郎

忠翊郎　公嶠　成忠郎　公訥　秉義郎　公攜　公訓　公汶

彥夷　彥勇　彥粹　彥符　彥晄　彥垂　彥崧　彥恭　彥翼　彥廣

| | | | | |
|---|---|---|---|---|
| | | | | 瑷之 |
| | | | 左班殿直叔冨 | |
| | | | 成忠郎叔窺 | |
| | | 高密郡公克戒 | 右監門衞大將軍、惠州刺史叔閟 | 成忠郎新之 |
| | | | | 右班殿直沂之 |
| | | | | 成忠郎昕之 |
| | | 建國公克一 | 右班殿直叔島 | |

| | | | | | | | | | |
|---|---|---|---|---|---|---|---|---|---|
| | | | | | | | | | |
| | | | | | | | | | |
| | | | | | | | | 欽國公克綏 | |
| 右班殿直叔彰 | 修武郎叔仕 | 敦武郎叔梓 | | | | | 右侍禁叔櫄 | 左班殿直叔倘 | 敦武郎 |
| | | 宲之 | | 寬之 | 宿之 | 定之 | | | 羊之 |
| | | 公湯 | 公膺 | | | | | | |
| | | 彥聯 | 彥聰 | | | | | | |
| | | | | | | | | | |
| | | | | | | | | | |
| | | | | | | | | | |
| | | | | | | | | | |
| | | | | | | | | | |
| | | | | | | | | | |

| | | | | | | | | | | | | | | |
|---|---|---|---|---|---|---|---|---|---|---|---|---|---|---|
| | | | | | | | | | | | | | | |
| | | | | | | | | | | | | | | |
| | | | | | | | | | | | | | | |
| 叔仟 | 秉義郎 | 叔㦤 | 武功郎 | 叔蹬 | | | | | | | | | | |
| 節之 | | | 武翼郎 | 震之 | | | | | | | | | | 秉義郎 |
| | | | | 公榮 | 公寧 | 秉義郎 | 公瓏 | 公玗 | 公球 | | 公瑊 | | 公璆 | |
| | | | | | | | 彥鏻 | | 彥㕓 | 彥缶 | 彥明 | 彥昭 | | |
| | | | | | | | | | | | | | | |
| | | | | | | | | | | | | | | |
| | | | | | | | | | | | | | | |
| | | | | | | | | | | | | | | |
| | | | | | | | | | | | | | | |
| | | | | | | | | | | | | | | |

| | | | | | | | | | | | | | | |
|---|---|---|---|---|---|---|---|---|---|---|---|---|---|---|
| | | | | | | | | | | | | 武德郎 | 叔性 | 武節郎 |
| 巽之 | | | | | | | | | | | 艮之 | | | |
| 秉義郎 | 公玥 | 成忠郎 | 公玞 | | 公琬 | 公理 | 公璀 | | | | | | | |
| | | | 彥挺 | 彥隲 | | | 彥春 | 彥慶 | 彥回 | 彥喜 | | | | |

| | | | | | | | | | |
|---|---|---|---|---|---|---|---|---|---|
| | | | | | | | | | |
| | | | | | | | | | |
| | | | | 嘉國公克施 | | | | | |
| 叔鵬 | | | | 左班殿直叔琈 | 左班殿直叔澾 | 贈右奉直大夫叔霶 | | | |
| 泰之 | 敦武郎默之 | | | | | 敦武郎獻之 | | | 忠訓郎 |
| | 保義郎公翰 | 公鍾 | 公鋹 | | | 右迪功郎公沇 | | | 秉義郎 |
| | 彥恭 | | | | | 彥俊 | 彥政 | 彥丙 | |
| | | | | | | | | | |
| | | | | | | | | | |
| | | | | | | | | | |
| | | | | | | | | | |
| | | | | | | | | | |

| | | | | | | | | | | |
|---|---|---|---|---|---|---|---|---|---|---|
| 彪之 | | 右通直郎襲之 | 右從政郎熙之 | | | | | | 修武郎祥之 | |
| 公秀 | | 公晉 | 忠翊郎公貫 | | 公鑄 | 承節郎公仰 | | | 成忠郎公丙 | 承信郎 |
| 彥褒 | | | 彥基 | | | 彥雲 | 彥雷 | 彥霓 | | |
| 泰夫 | 亨夫 | | 畢夫 | 滋夫 | | | | | | |

| | | | | | | | | | | | |
|---|---|---|---|---|---|---|---|---|---|---|---|
| | | | | | | | | 秉義郎學之 | 文林郎選之 | | |
| 公長 | | | 保義郎公習 | | | 公烈 | 公齋 | 忠翊郎公杞 | 公隨 | | |
| 彥卞 | 彥慺 | | 彥英 | 彥摚 | 彥撫 | | | 彥襲 | 彥敏 | 彥墳 | 彥槐 |
| 深夫 | 言夫 | 行夫 | | | | | | | | | |

| | | | | | | | | | | | |
|---|---|---|---|---|---|---|---|---|---|---|---|
| | | | | | | | | | | | |
| | | | | | | | | | | | |
| | | | | | | | | | | | |
| | | | | | 修武郎叔巧 | | | | | | |
| | 中之 | 右迪功郎遂之 | | | 忠翊郎頡之 | | | 穎之 | | | 保義郎 |
| 公芭 | | 公率 | 宣教郎公遒 | | 公偉 | 公悳 | 公志 | 公助 | | | 承信郎 |
| | | | 彥俞 | 彥僉 | | | | 彥后 | | 彥矛 | |
| | | | | | | | | 壁夫 | 壅夫 | | |
| | | | | | | | | | | | |
| | | | | | | | | | | | |
| | | | | | | | | | | | |
| | | | | | | | | | | | |
| | | | | | | | | | | | |

| | | | | | | | | | | |
|---|---|---|---|---|---|---|---|---|---|---|
| | | | | | | | | | 漢東郡公克□ | |
| | | | 朝奉郎叔浩 | | | | | | 右班殿直叔龍 | 武經郎叔秔 |
| 頎之 | | | 開之 | | | | 訓之 | 諶之 | | 追之 |
| 公曬 | | 公昔 | 公煥 | 從政郎公沔 | | | | | | |
| 彥湘 | 彥淋 | 彥深 | | 彥寶 | | | | | | |
| | | | | 櫃夫 | 樻夫 | 櫝夫 | | | | |

| | | | | | | | | | |
|---|---|---|---|---|---|---|---|---|---|
| | | | | | | | | | |
| | | | | | | | | | |
| | | | | | | | | 彭城侯克惴 | |
| | | | | | 秉義郎叔怡 | 左班殿直叔春 | 武節郎叔桂 | 右班殿直叔頜 | 從義郎叔潼 |
| 逾之 | | | | 遷之 | 節之 | | | | 識之 |
| 公璹 | 公琮 | 公玐 | 公球 | | | | | | 公悳 |
| | 彥敲 | 彥珍 | | | | | | | 彥琁 |
| | 㝍夫 | | | | | | | | 密夫 |

| | | | | | | | | | | | | | | |
|---|---|---|---|---|---|---|---|---|---|---|---|---|---|---|
| | | | | | | | | | | | | | | |
| | | | | | | | | | | | | | | |
| | | | | | | | | | | | | | | |
| | | | | | | | | | | | | | | |
| 承信郎 | 講之 | | | | | | | | | | 誠之 | | | |
| 承節郎 | 公迨 | | | 保義郎 | 公遏 | | | 公逴 | 修武郎 | 公迄 | 公寗 | 公訓 | | 公訦 |
| | 彥璡 | 彥珝 | | | 彥鏊 | 彥薰 | 彥藺 | | | | | 彥孔 | 彥禹 | 彥祚 |
| | 端夫 | 竱夫 | 垓夫 | | | | | | | | | | 崇夫 | |
| | | | | | | | | | | | | | | |
| | | | | | | | | | | | | | | |
| | | | | | | | | | | | | | | |
| | | | | | | | | | | | | | | |
| | | | | | | | | | | | | | | |

武翼郎叔堣

通直郎炎之
保義郎坦之

公振
保義郎公搗
承信郎公攬
公樽
從事郎公悅
成忠郎

彥隅
彥接
彥攢
彥珞
彥瓌
彥潚

棅夫

| | | |
|---|---|---|
| | 公博 | 彥壠 |
| 武節郎懋之 | 賜進士出身公櫳 | |
| | 從事郎公揄 | |
| 敦武郎績之 | 從政郎公鯉 | |
| | 公接 | |
| | 從政郎公揖 | |
| | 公損 | |
| | 公操 | |
| 成忠郎表之 | 保義郎公捷 | |

忠訓郎叔暘

保義郎公攄

公拭

公揀

公扎

## 校勘記

〔一〕樂平郡王承顯　「王」原作「公」。按本書卷二四四魏王廷美傳稱承顯贈樂平郡王；宋會要帝系三之一五載承顯乾道八年六月贈樂平郡王，據改。

〔二〕宣教郎猷之從事郎峴之且之承節郎晉之　按此四人名字已見前頁，排列順序也同，所不同的只是前頁不載官稱，「且之」作「旦之」。疑有誤。

〔三〕舒國公諡恭僖承蘊　「承蘊」二字原脫。按宋會要帝系三之二三有「承蘊，嘉祐八年二月贈昭慶軍、舒國公」的記載；宋敏求春明退朝錄上卷敍宗室謚號，載舒國公承藴謚恭僖。此處缺文當是「承藴」，今補。

〔四〕紀國公德存　此五字原脫。按本表標題「紀國公房」，而此處不寫出紀國公和名字，與體例不符；本書卷二三四宗室世系表，敍魏王廷美諸子，有紀國公德存；本書卷二四四魏王廷美傳載德存子承衍，與此處所列相合，今補。